Arne Hoffmann

FemDom

Erotik-Ratgeber

LEBE.JETZT HARDCOVER
BAND 518
1. AUFLAGE: MÄRZ 2020
2. AUFLAGE: AUGUST 2022
3. AUFLAGE: FEBRUAR 2024
4. AUFLAGE: OKTOBER 2025

VOLLSTÄNDIGE BUCHAUSGABE
ORIGINALAUSGABE

LEBE.JETZT IST EINE MARKE VON

LEKTORAT:
MARIE GERLICH

UMSCHLAGGESTALTUNG: WWW.HEUBACH-MEDIA.DE
GESETZT IN DER TRAJAN PRO,
ADOBE GARAMOND PRO & CORPORATE S

PRINTED IN POLAND
ISBN 978-3-96477-327-2

WWW.BLUE-PANTHER-BOOKS.DE
HERSTELLER: BLUE PANTHER BOOKS OHG
OSTERFELDSTRASSE 12-14 | 22529 HAMBURG | DEUTSCHLAND
E-MAIL: INFO@BLUE-PANTHER-BOOKS.DE

Inhalt

Liebe Leserin,

wie wäre es, wenn du deinen Partner (oder irgendeinen anderen bereitwilligen Mann) so formen könntest, wie du es gern hättest? Wenn du die komplette Macht hättest, ihn zu einem solchen Menschen zu machen, als den du ihn haben willst – und der dabei auch noch begeistert mitmacht? Wenn du diesen Mann zu deinem Diener machen könntest, der dir gern für die unterschiedlichsten Wünsche zur Verfügung steht, und an dem du sogar deinen sadistischen Gelüsten freies Spiel lassen kannst?

Willkommen in der Welt des Femdom – der weiblichen Herrschaft.

Dieser Ratgeber öffnet dir den Zugang zu dieser Welt. Er stellt dir die unterschiedlichsten Ideen und Praktiken vor, mit denen du diese Herrschaft ausüben kannst. Er erklärt dir, wie du diese Dinge am besten in die Tat umsetzt. Dabei hilft er dir insbesondere, wenn dieser Bereich völlig neu für dich ist, du vielleicht sogar noch zweifelst und unsicher bist, ob du tatsächlich eine »strenge Herrin« verkörpern kannst. Vielleicht schreckst du ja davor zurück, weil diese Rolle so gar nicht zu deinem eigentlichen Naturell passt? Womöglich stammte die Idee, dich auf diesen Weg zu begeben, ursprünglich nicht einmal von dir, sondern ist ein Wunsch deines Partners? Auch in diesem Fall erklärt dir dieser Ratgeber, wie du die Herrscherin in dir zutage förderst – und Spaß daran hast.

Drei Dinge möchte ich vorab bemerken:

- Dieser Ratgeber geht immer von dem wohl überwiegenden Fall aus, dass es sich bei deinem Partner um einen Mann handelt. Als Hilfe für eine lesbische Femdom-Beziehung ist dieses Buch nicht gut geeignet.

- Du wirst in diesem Buch auch verhältnismäßig wenig zum Thema Orgasmuskontrolle und Keuschhaltung finden. Nicht, weil das nicht zum Femdom gehörte (ganz im Gegenteil), sondern weil dieses Thema so umfassend ist, dass es einen eigenen Ratgeber verdient hat.

- Zuletzt fragst du dich vielleicht, wie ausgerechnet ich dazu komme, ein Buch über Femdom zu schreiben. Es stimmt natürlich: Ich bin selbst keine dominante Frau. Allerdings hatte ich in den letzten dreißig Jahren beruflich wie privat mit Dutzenden solcher Frauen Kontakt und dadurch aus der männlichen Perspektive einen exzellenten Einblick in diesen Bereich. Deshalb kann ich dir häufig auch Informationen geben, die eine Frau nicht aus eigener Erkenntnis liefern könnte, nämlich welche Wirkung bestimmte Praktiken beim männlichen Partner erzeugen (wobei man nicht vergessen darf, dass wir Männer verschieden sind und unterschiedlich reagieren). Vielleicht kann dir dieser Ratgeber dadurch besondere Sicherheit geben, dass du nichts Falsches tust, wenn du deinen (bereitwilligen) Partner schikanierst.

Das ist schon alles, was es vorab zu sagen gibt. Jetzt wünsche ich dir viel Spaß beim Lesen und bei der Umsetzung. Auf dass man dich immer so sehr verwöhnt, wie du es verdient hast!

Welche erotischen Spiele umfasst Femdom?

Lass uns in das Thema »Femdom« einsteigen, indem wir zunächst einmal einen Überblick gewinnen: Worum genau geht es bei dieser Variante von SM-Spielen überhaupt? Was ist typisch für die weibliche Form erotischer Unterwerfung? Ich möchte hier einmal die grundlegenden Aspekte aufführen. Du selbst kannst dann beurteilen, welche davon dir zusagen und welche eher nicht, um daraufhin zu entscheiden, welche du in dein Repertoire aufnehmen möchtest.

Versklavung deines Partners durch sexuelle Kontrolle
Das dürfte der Grundstein der meisten Femdom-Arrangements sein: Während männliche Herrschaft oft dadurch gestützt wird, dass ein Mann einer Frau zumeist körperlich überlegen ist, steht beim Femdom die Vorstellung von der Frau als sexuell überlegenem Wesen im Mittelpunkt. Das bedeutet für dich: Du hast die Kontrolle und deine Bedürfnisse haben vorrangig befriedigt zu werden. Das kann ein erfüllendes Gegenmodell zu der frustrierenden Erfahrung sein, dass ein Mann deinen Körper ein paar Minuten lang mehr oder weniger benutzt, um zum Orgasmus zu

gelangen. Stattdessen gibst du deinem Lover die Befehle, was er zu tun hat, um dich sexuell glücklich zu machen. Wenn er dich stundenlang lecken soll, wird er das tun. Wenn er dich mit einem Dildo verwöhnen soll, der viel stattlicher ist als sein Penis, wird er es tun. Und wenn du ihm verbietest, sich selbst zu berühren, wird er dies unterlassen.

Die Verehrung deines Körpers

Beim Femdom ist dein Partner ganz und gar darauf ausgerichtet, deinen Körper anzubeten und ihm zu huldigen – ob er dir in der Öffentlichkeit unterwürfig die Fingerspitzen küsst oder ob er deine Füße massiert. Besonderer Bonus: Du brauchst dabei nicht das Geringste zu tun, um diese Liebkosungen zu erwidern, sondern kannst dabei zum Beispiel in deinem Smartphone stöbern, fernsehen oder in einer Zeitschrift blättern. Viele unterwürfige Männer werden sogar immer heißer und erregter, je länger eine Frau sie ignoriert – du machst deinen Lover also durch Nichtstun immer abhängiger, geiler und diensteifriger. Ebenso unterhaltsam kann es sein, ihn zum Beispiel nur deine Zehen lutschen zu lassen, während du ihn auf Abstand zum Rest deines Körpers hältst, nach dem er giert.

Teasing and Denial (Aufreizen und Verweigern)
Die Königsklasse der erotischen Fiesheiten, um deinen Partner vor Geilheit fast durchdrehen zu lassen, besteht darin, ihn durch zärtliche Berührungen und aufreizende Worte immer wieder und immer näher an den Rand seines Höhepunkts zu bringen, diesen aber letztlich nicht zuzulassen. Wenn du das richtig anstellst, wird sich dein Partner vor verzweifelter Erregung winden, wodurch du ihn sowohl quälen als auch noch gefügiger machen kannst.

Die »Abrichtung« deines Partners zum Sklaven
Vielleicht besteht Femdom für dich nicht nur aus gelegentlichen Spielen, die unabhängig voneinander erfolgen, wenn ihr gerade Lust darauf habt, sondern daraus, dass du deinen Partner nach und nach immer mehr zum Diener deiner Lust machst. Du nutzt sein Begehren also dazu aus, ihn immer besser zu dressieren: etwa so, dass er deine verschiedenen Kommandos und Befehle auswendig kennt und ihm die Reaktion darauf in Fleisch und Blut übergeht. Dann genügt beispielsweise ein Fingerschnippen oder Zungenschnalzen von dir, damit er sich augenblicklich entkleidet (ob ihr allein seid oder nicht). Du kannst ihm aber auch beibringen, dass

er bestimmte Aufgaben – massieren, dich lecken, Hausarbeit – immer geschickter ausübt.

Erzwungene Feminisierung
Vielleicht macht es dir besonderen Spaß, wenn dein Lover als Frau zurechtgemacht ist, während er dir zu dienen hat – also beispielsweise geschminkt ist oder Frauenkleidung (Minirock, Netzstrümpfe, Strapse, Stöckelschuhe) trägt. Du kannst ihn auch das Kostüm eines Dienstmädchens tragen lassen, wenn er typische Hausarbeiten (kochen, bügeln, putzen) erledigt. Damit machst du nicht nur deutlich, dass du diejenige bist, die bei euch beiden die Hosen hat. Du entwürdigst deinen Partner auch und machst ihn lächerlich – eine berauschende Erfahrung, wenn ihr beide von Demütigungen erregt werdet.

Cuckolding
Besonders demütigend und deshalb – wenn man darauf steht – besonders scharf kann es sein, die Demütigung auf die Spitze zu treiben, indem du dir einen Nebenbuhler holst, von dem du dich verwöhnen lässt, während dein eigentlicher Partner die Aufgaben erledigt, die du oder dein neuer Stecher ihm aufträgt. Das kannst du damit verbinden, deinem Partner

mitzuteilen, dass du ja »leider« jemanden dazuholen musst, der es dir richtig besorgt, weil dein Partner selbst ja »kein richtiger Kerl« und deshalb nicht in der Lage dazu ist.

Andere erotische Demütigungen

Es gibt noch viele andere Methoden, mit denen du dich amüsieren kannst, indem du deinen Partner erniedrigst: etwa indem du dich über die Größe oder die fehlende Beherrschung seines Penis lustig machst oder indem du ihn nackt oder in peinlicher Aufmachung Dritten (etwa guten Freundinnen) vorführst.

Züchtigungen

Wenn du eine sadistische Ader hast, kannst du deine Herrschaft über deinen Sklaven auch mit körperlicher Gewalt festigen und demonstrieren. Von der Ohrfeige bis zum Auspeitschen steht dir hier eine breite Palette zur Verfügung.

Genitalfolter

Eine Möglichkeit, Sadismus und sexuelle Herrschaft zu verbinden, besteht darin, die Genitalien deines Partners bestimmten Strapazen zu unterziehen.

Queening
Beim sogenannten »Queening« oder »Face Sitting« machst du deinen Partner vollständig zum Objekt, indem du auf seinem Gesicht Platz nimmst. Für ihn ist es einerseits erregend, deinem Schoß ganz nah zu sein, andererseits hat er Schwierigkeiten, genug Luft zum Atmen zu bekommen. Du hingegen kannst deine Dominanz und seine Hilflosigkeit genießen. Vielleicht befiehlst du ihm in dieser Position auch, dich zu lecken, oder machst es dir selbst.

Pegging
Du kannst die dominante Rolle auch dadurch einnehmen, dass du deinen Partner mit einem Umschnalldildo von hinten nimmst und nach allen Regeln der Kunst durchvögelst. Erneut bringst du ihn damit in eine Situation, die sonst Frauen vorbehalten ist.

Nicht-körperliche Bestrafungen
Wenn der Gehorsam deines Partners zu wünschen übrig lässt, kannst du auch anders für Disziplin sorgen als durch Schläge, sondern deinen Willen völlig schmerzfrei durchsetzen: beispielsweise indem du ihn fünfhundert Mal denselben Satz als Strafarbeit schreiben lässt, ihm einen Tag lang zu sprechen verbietest

oder ihn nichts essen lässt, weil er widerborstig war. Vielleicht befiehlst du ihm auch, sich eigene Bestrafungen einfallen zu lassen. Viele unterwürfige Männer sind hier verblüffend kreativ.

Fesselungen
Natürlich gehört es auch zum Femdom, deinen Sklaven irgendwo festzubinden und ihm jegliche Bewegungsfreiheit zu rauben.

Finanzielle Herrschaft
Insbesondere wenn du keinen festen Partner hast, kannst du einem Mann, der scharf auf dich ist, befehlen, dich mit finanziellen Zuwendungen zu verwöhnen. Du demütigst ihn dabei dadurch, dass du nichts, wenig oder nur weitere unangenehme Forderungen als Gegenleistung lieferst.

Vielleicht fragst du dich jetzt, wie man dieses riesige Spektrum in einem kompakten Ratgeber wie diesem umfassend behandeln kann. Tatsächlich muss ich hier auf ein paar Themen verzichten, zumal ich so wenig wie möglich Ratschläge wiederholen möchte, die ich schon in anderen Ratgebern dieser Reihe ausgeführt habe. Wenn dir zum Beispiel noch das grundlegendste

Wissen über erotische Herrschaft fehlt, findest du es in meinen Büchern »Die ersten Schritte SM« und »Dominanz«. Mit Fesselspielen beschäftigt sich mein Ratgeber »Bondage«, mit erotischen Züchtigungen der Ratgeber »Spanking«, mit Langzeit-Versklavung der Ratgeber »Abrichtung« und mit der Frage, wie man eine Partnerschaft für Dritte öffnet, der Ratgeber »Sex zu dritt«. Es tut mir leid, wenn das nach Werbung klingt, aber falls du dein Wissen über die geschilderten Praktiken erweitern möchtest, solltest du wissen, wo du Informationen darüber findest. Es ist leider nicht möglich, all diese Infos noch nebenher in diesem Ratgeber unterzubringen.

Übrig bleibt der gesamte große Rest, der speziell für Femdom typisch ist. Das Inhaltsverzeichnis dieses Buches hat dir durch die Kapitelüberschriften ja schon verraten, wohin die Reise geht. Aber schauen wir uns erst einmal an, welcher spezielle Zugang zur weiblichen Herrschaft für dich besonders gut geeignet ist.

Welche Stile von Femdom gibt es?

Ich mache bei sexuellen Beziehungen ungern allgemeingültige Aussagen, aber eines scheint mir unzweifelhaft: Damit Femdom tatsächlich funktioniert, sollte es dir wirklich Spaß machen – noch mehr als das ohnehin für jede Form von Sex gilt. Wenn du nur deinem Partner zuliebe eine bestimmte Rolle spielst, in der du dich eigentlich unwohl fühlst, dürfte er das schnell merken. Das würde euer Arrangement unweigerlich ruinieren, denn du sollst ja gerade bestimmen, wo es langgeht, und nicht die Sockenpuppe deines »Sklaven« darstellen.

Hier tut sich für viele Frauen allerdings ein Hindernis auf. Sie glauben, beim Femdom müssten sie immer und automatisch in die Rolle des gemeinen Miststücks schlüpfen, das einen Mann, der diese Frau liebt, erbarmungslos misshandelt und schikaniert – eine Frau, die bösartig, grimmig und zickig ist. Viele Frauen finden diese Vorstellung – vielleicht in leicht abgeschwächter Form – durchaus scharf und sie können sich in dieser Rolle überraschend gut entfalten. Viele andere aber schrecken davor zurück, weil sie sich beim besten Willen nicht vorstellen können, dass sie dabei gut gelaunt sein und sich wohlfühlen könnten.

Insofern solltest du dir klar machen, dass die Rolle der brutalen Domina, die sich schon in Richtung eines weiblichen SS-Generals bewegt, ein Klischee darstellt, eine Karikatur. Du brauchst sie dir nicht überzustülpen. Stattdessen hast du eine ganze Bandbreite von unterschiedlichen Rollen zur Verfügung. Dazu gehören die folgenden:

Die sanfte und fürsorgliche Herrin
In dieser Rolle würdest du zwar die Führung übernehmen und bestimmen, was dein Sklave tut, aber du würdest das auf liebevolle Weise tun, ihn für seine Hingabe dir gegenüber loben und ihn mit Zärtlichkeiten verwöhnen – ein bisschen so, wie wenn du ein Haustier hättest, das du gern magst.

Die Herrin als Personal Trainer
In dieser Rolle könntest du ein Grundbedürfnis erfüllen, das auch viele Frauen außerhalb von SM-Partnerschaften hegen: deinen Partner so lange erziehen und an ihm herumbasteln, bis er deinen Ansprüchen vollkommen genügt. Du würdest deinen Partner also antreiben, täglich ein bestimmtes Minimum an Sport zu treiben und sich vernünftiger zu ernähren, seine Garderobe auswählen und viele andere Regeln nach deinem Gusto festlegen. Wenn er gehorsam ist, belohnst du ihn mit deinem Wohlwollen.

Die verwöhnte Prinzessin
In dieser Rolle konzentriert sich alles darauf, dass du dich wohlfühlst. Dein Partner würde also zum Beispiel deinen Körper mit endlosen Massagen verwöhnen, dich von vorn bis hinten bedienen und dir bei einem gemeinsamen Einkaufsbummel die Tüten tragen. Vielleicht finanziert er auch deine Einkäufe und insgesamt einen großzügigen Lebensstil, während du das als selbstverständlich hinnimmst und dich bei ihm kaum dafür revanchierst, sondern ihn als einen Diener oder Untertan behandelst.

Die verführerische Femme fatale
In dieser Rolle würdest du deinen Partner kontinuierlich aufreizen und in einem Zustand hoher sexueller Spannung halten, wobei du ihm aber nur selten erlaubst, sein Verlangen zu stillen. Stattdessen machst du dich über seine Geilheit lustig und bringst ihn dazu, aus lauter Gier nach einer Erwiderung seines Begehrens die lächerlichsten und demütigendsten Dinge zu tun.

Die Sadistin
In dieser Rolle bist du glücklich, wenn du einen masochistischen Partner hast, für dessen Wunsch nach dem Erleiden von Schmerzen du das passende Ge-

genstück darstellst. Ohne ihn zu verachten oder auf ihn herabzusehen, treibst du mit ihm deshalb die unterschiedlichsten SM-Spiele, die überaus unangenehm für ihn sind.

Die grausame Herrin

In dieser Rolle kommst du der Vorstellung des unerbittlichen Miststücks am nächsten: Du quälst deinen Sklaven hierbei nicht nur mit körperlichen Schmerzen, sondern erniedrigst ihn auch, machst ihn mit emotional belastenden Demütigungen fertig und führst ihn immer wieder an seine Grenzen, bis jeder Widerstand von dir gebrochen worden ist. Da auch diese Form einer Partnerschaft – so wie alle Formen von SM-Erotik – auf Freiwilligkeit und Einvernehmlichkeit beruht, ist hier besonders viel Achtsamkeit, Verantwortungsbewusstsein und Kommunikation erforderlich, damit sich daraus keine echte Missbrauchsbeziehung entwickelt. Für viele unterwürfige Männer ist eine solche erbarmungslose Herrin nur in ihren erotischen Fantasien reizvoll, während sie für eine Partnerschaft eher nach einer Frau suchen, die warmherzigere Charakterzüge hat.

Nun ist es allerdings nicht so, dass du dich für eine dieser Rollen entscheiden müsstest, als ob es darum ginge, die eine Schublade zu finden, in die du mit deinen Vorlieben hineinpasst. Stattdessen ist es sehr gut möglich, dass dein persönlicher Stil eine Mischform aus all diesen Rollen darstellt, also beispielsweise – vielleicht auch abhängig von deiner aktuellen Laune – Aspekte sowohl der Prinzessin und der Femme fatale als auch der grausamen Herrin beinhaltet. Für viele Männer stellt es einen besonderen Kitzel dar, wenn du in dieser Hinsicht unberechenbar bist. Denk einfach mal darüber nach, welche Fantasien dich selbst am meisten erregen, wenn du dir vorstellst, eine dominante Frau zu sein, und du hast eine Ahnung davon, was für dich am lustvollsten und erfüllendsten sein dürfte.

Wie gelingt dir ein leichter Einstieg ins Femdom?

Wie ich im letzten Kapitel bereits angemerkt habe, halte ich es für eine der wichtigsten Anforderungen an jede sexuelle Begegnung, dass sie allen Beteiligten Spaß macht. Wie sorgst du am einfachsten und zugleich sichersten dafür, wenn du in die Rolle einer dominanten Frau schlüpfen möchtest?

Am besten fragst du deinen Partner danach, welche Fantasien er im Zusammenhang mit seiner sexuellen Unterwerfung hat. Lass dich nicht von einer oder zweien abspeisen, sondern versuche, eine längere Liste aus ihm herauszukitzeln – etwa indem du nach Pornos oder erotischen Büchern fragst, die ihm gefallen haben. (Wenn dein Lover keine oder kaum Fantasien dieser Art nennen kann, ist er offenkundig nicht der passende Partner für deine Femdom-Bedürfnisse.) Aus der entstandenen Liste suchst du dir diejenigen Fantasien heraus, die auch dich anregen, und setzt sie in die Tat beziehungsweise ins gemeinsame Rollenspiel um. Hier ist dein eigener Spaß an der Sache noch wichtiger als bei anderen Formen von Sex. Wenn du nur deinem Partner zuliebe, aber ohne echte eigene Begeisterung mitmachst, dürfte das dein Partner merken, und du kannst die Frau, die Freude an erotischen Schikanen hat, nicht glaubhaft verkörpern. Das Vergnügen ihrer Herrin ist für viele unterwürfige Männer jedoch essenziell.

Bei der Wahl deiner Kleidung gehst du genauso vor: Natürlich soll die Garderobe, die du trägst, deinen Partner scharfmachen, aber fast ebenso wichtig ist es, dass du dich selbst darin wohl- und als zugleich aufreizende und selbstbewusste Frau fühlst. Besonders gut wirken die Farben Schwarz, Königsblau, Silber und dunkles Purpur, um Herrschaft und Dominanz zu signalisieren.

Die Wirkung dieser Kleidung kannst du durch eine passende Körperhaltung unterstützen: also aufrecht und gerade mit erhobenem Kopf, zurückgezogenen Schultern und vielleicht einer oder beiden Händen in die Hüften gestützt. Außer dass du damit wirklich wie eine Frau aussiehst, die weiß, was sie will, und bereit ist, das auch durchzusetzen, strahlt eine solche Haltung nicht nur Selbstbewusstsein aus, sondern kann durch einen Rückkoppelungseffekt auch dazu führen, dass du dich stärker und selbstbewusster fühlst.

Wenn es deiner Ausstrahlung hilft, tust du euch außerdem etwas Gutes, wenn du die speziellen Fetische deines Partners kennst und zu bedienen weißt. Wenn er beispielsweise einen Fußfetisch hat, könntest du mit nackten Füßen oder aber mit besonders eindrucksvollen Schuhen auftreten. Je schärfer er auf dich ist, desto eher wird er bereit sein, für dich das zu tun, was du von ihm verlangst (und Vergnügen daran haben).

Achte bei allem, was du tust, aufmerksam auf seine Reaktionen. Wann leuchten seine Augen und wann ist er besonders eifrig dabei, deine Wünsche zu erfüllen?

Je mehr Erfahrung du hier gewinnst, desto leichter sollte es dir fallen, deinen Partner entsprechend zu konditionieren, also »abzurichten«, sodass er immer mehr zu Wachs in deiner Hand wird.

Aber wenn du diesen Ratgeber liest, bist du vermutlich noch nicht so weit, sondern stehst erst ganz am Anfang. Vielleicht musst du deinen Partner auch erst dafür gewinnen, von dir beherrscht zu werden. Wie gehst du am geschicktesten vor? Insbesondere wenn du dir noch unsicher bist, empfehle ich dir, deinen Liebsten nicht von einem Moment zum anderen mit einem Hardcore-Domina-Auftritt zu überfallen, der ihn eher verschrecken könnte, sondern dich geduldig Schritt für Schritt voranzutasten und zu schauen, ob dein Partner noch mitgeht. Sobald er zögert oder sich sträubt, nimmst du wieder etwas Tempo heraus.

Der erste Schritt bestünde dann schlicht darin, sexuell selbstbewusster und etwas forscher zu werden. Das bedeutet, dass du es deinem Partner unverhohlen mitteilst, wenn du Lust auf Sex hast und möchtest, dass diese Lust befriedigt wird – auch an ungewöhnlicheren Orten als zu Hause. Natürlich könnt ihr es nicht in der Fußgängerzone miteinander treiben, aber du kannst dort schon mal deinen Appetit äußern. Du kannst auch im Restaurant deine Hand oder deinen

Fuß in den Schoß deines Partners legen, wenn du möchtest. Ja, dazu benötigst du ein bisschen Mut, aber wenn du die Rolle der Herrin übernehmen möchtest, brauchst du diesen Mut irgendwann ohnehin. Teile deinem Partner auch unumwunden mit, wie er es dir besorgen soll, damit es ein großartiges Erlebnis für dich wird. Dazu kann allerdings als Vorbereitung gehören, dass du dir erst einmal selbst überlegst, wie du es am liebsten hättest. Bringe deinem Partner bei, mit welchen Berührungen er dich am besten in Stimmung bringt, als wäre er dein Schüler.

Wenn dieses Verhalten sowieso schon zu deinem Repertoire gehört und du gar nicht verstehst, warum es ein Problem sein sollte, so sexuell selbstbewusst aufzutreten: herzlichen Glückwunsch! Weiter geht es mit dem nächsten Schritt.

Hier kannst du dazu übergehen, deinem Partner nach und nach auch andere Anweisungen zu geben, beispielsweise dir nach einem langen Tag die Füße zu massieren oder dir ein Glas Wein zu holen. Beginne mit freundlichen Bitten, gehe dann in den Tonfall einer Anweisung über und achte darauf, wie dein Partner reagiert. Erklärt er sich unausgesprochen mit deiner neuen Dominanz einverstanden oder ist ihm das sichtlich nicht recht bzw. möchte er mit dir darüber reden? In jedem dieser Fälle ist es deinem Einfühlungsvermögen überlassen, wie du weiter vorgehst. Ihr könnt in einer Aussprache vereinbaren, dass du in eurer Partnerschaft die Zügel in die Hand nimmst, ihr könnt euch aber auch stillschweigend darauf einigen.

In diesem Stadium kannst du mit verschiedenen Äußerungen noch forscher werden. Einige Beispiele:

- »Du darfst dich nicht bewegen. Lass mich einfach machen, okay?« (Wenn du dich erotisch um ihn kümmerst.)

- »Du hast erst die Erlaubnis zu kommen, nachdem ich meinen Orgasmus hatte, klar?«

- »Wenn du es nicht richtig machst, lasse ich es dich nicht wieder versuchen.«

- »Sehr gut. Hör ja nicht auf damit!«

- »Gut gemacht. Braver Junge!«

Begleitend dazu kannst du den Körper deines Partners dorthin schieben, wo du ihn in diesem Moment gern hättest, beispielsweise seinen Kopf zwischen deine Beine. Vielleicht ist dein Partner anfangs ein wenig irritiert, weil dieses fordernde Verhalten neu für ihn ist, aber wenn er nur über eine Spur von Unterwürfigkeit verfügt, sollte er liebend gern mitmachen. Falls er jetzt schon ernsthafte Schwierigkeiten mit deiner neuen Forschheit hat, stehen die Aussichten auf eine noch weiter gehende Femdom-Partnerschaft schlecht.

Ansonsten ist es von diesem Punkt nicht mehr weit zur Festlegung bestimmter Regeln in eurer Beziehung. Du bist ja jetzt schon dabei, deinen Lover zu tadeln, wenn er dich nicht befriedigt, und ihn zu loben, wenn er fügsam ist und sich geschickt anstellt. Insofern ist es nur eine kleine neue Stufe zu klaren Regeln, bei deren Befolgung du deinen Partner belohnst und bei deren Missachtung du ihn bestrafst. Diese Regeln könnten beispielsweise sein:

- Dein Orgasmus erfolgt immer als Erstes.
- Er hat dich vor seinem Orgasmus um Erlaubnis zu fragen.
- Er darf von selbst überhaupt nicht aktiv werden, sondern hat auf deinen Vorstoß zu warten.
- Wenn er mit seiner Ejakulation irgendetwas befleckt, hat er es augenblicklich zu säubern.

Die »Bestrafungen« können zunächst zum Beispiel so aussehen, dass du für längere Zeit auf keinen seiner Verführungsversuche eingehst oder ihm über einen bestimmten Zeitraum verbietest, einen Orgasmus zu haben (etwa mit der Begründung, dass du ja auch noch keinen hattest). Später können Strafaufgaben hinzutreten wie etwa, dass er für ein Fehlverhalten das Bad putzen muss.

Als Nächstes kannst du von ihm verlangen, dass er dich für bestimmte Vergünstigungen – beispielsweise dafür, eine Zigarette rauchen zu dürfen – erst um Erlaubnis zu fragen hat. Jedes Mal, wenn er sich darauf einlässt, erkennt er deine Herrschaft an.

An dieser Stelle muss ich noch einmal betonen, wie wichtig es ist, dich zu versichern, dass ihm diese veränderte Partnerschaft mit dir immer noch Spaß macht. Wenn er sich darauf allein aus Gutmütigkeit oder Resignation einlässt, landest du nicht in einer erotischen Femdom-Beziehung, sondern hast deinen Partner einfach so weit manipuliert, dass er jetzt unter deinem Pantoffel steht. Das könnte dazu führen, dass sich in ihm immer weiter Ressentiments gegen dich aufstauen. Stattdessen geht es aber darum, dass ihr beide einen schrittweisen Einstieg in deine Herrschaft findet und euch immer mehr daran gewöhnt sowie

Geschmack daran gewinnt. Ihr solltet weiterhin darüber sprechen, was ihr euch von eurer Beziehung wünscht und wie sich das vereinbaren lässt.

In ähnlicher Weise kannst du andere Praktiken in euer Liebesspiel einführen. Deinem Partner beispielsweise beim Sex die Hände zu fesseln, gehört inzwischen längst zum Standardrepertoire und hat nichts Anrüchig-Perverses mehr an sich. Ähnlich sieht es mit dem Augenverbinden aus. Letzteres ist für dich als Anfänger-Domina ohnehin sehr praktisch, weil dein Partner dann nicht mehr sieht, wie du in einer bestimmten Situation noch unsicher bist. Du kannst dann sogar heimlich deine Stöckelschuhe abstreifen, wenn dir das Gehen darin zu unangenehm ist.

Auch wenn du sadistische Anwandlungen verspürst, kannst du sie ganz allmählich in euren Sex hineinnehmen – zum Beispiel, indem du

- beim leidenschaftlichen Sex mit deinen Fingernägeln seinen Rücken zerkratzt,
- deinen Partner beim Küssen hin und wieder sanft ins Fleisch beißt,
- deine Hand um seinen Hals legst, um ihm leicht und vorsichtig die Luft abzudrücken.

Achte auch in all diesen Fällen aufmerksam darauf, wie dein Partner reagiert. Springt er auf diese Praktiken an? Machen sie ihn heiß? Oder irritieren sie ihn vielmehr und er fühlt sich sichtlich unwohl? So erkennst du, ob es eine gute Idee ist, auf dieser Schiene weiterzufahren, oder nicht.

Auf welche Weise kannst du deinen Partner noch weiter unterwerfen und demütigen?

Wenn es dir gelungen ist, deine Herrschaft erst einmal zu etablieren, kannst du härtere Saiten aufziehen und deinen Partner einem strengeren Regime unterwerfen – sein Einverständnis immer vorausgesetzt. Denk immer daran: Nur weil ein Mann unterwürfig ist, steht er noch lange nicht automatisch auf Demütigungen und Erniedrigungen – so wie ja auch nicht jeder unterwürfige Mann automatisch ein Masochist ist und Schmerzen genießt. Es kann auch sein, dass deinem Partner manche Demütigungen gefallen, andere für ihn aber tabu sind, weil sie ihn emotional zu stark aufwühlen. Hier ist es wichtig, dass du keine Grenzen überschreitest, die dein Partner gezogen hat, beziehungsweise – wenn es im Übermut versehentlich passiert – dafür sorgst, dass es sich nicht wiederholt.

Unter diesen Voraussetzungen hier eine kleine Auswahl von Regeln und Ideen, mit denen du die Dominanz über deinen Partner ausbauen kannst:

- Er hat dich immer als »Herrin«, »Prinzessin« oder auf eine andere von dir gewählte Weise anzusprechen.

- Er hat sich zukünftig immer auf eine Weise zu kleiden, die dir zusagt.

- Das kann bedeuten, dass du ihm das Tragen von Unterwäsche völlig verbietest oder nur eine bestimmte Unterwäsche erlaubst: beispielsweise Damendessous oder speziell deine Unterwäsche, sodass er den Tag über immer wieder an dich denken muss.

- Du kannst ihm auch befehlen, über längere Zeit bestimmte Accessoires zu tragen, etwa ein Halsband, einen Cockring, einen Hodenstrecker, einen Analdildo oder Nippelklemmen an seinen Brustwarzen.

- Du kannst anordnen, dass er seinen Schoß stets sauber rasiert halten soll.

- Du kannst ihm befehlen, sich auf eine von dir gewünschte Weise tätowieren zu lassen, um ihn als deinen Besitz zu markieren.

- Wenn immer er sich in deiner Gegenwart befindet, hat er die Beine auseinanderzuhalten, sodass du leicht Zugriff auf seinen Schoß hast – egal ob dein Partner steht oder sitzt.

Vielleicht möchtest du mit deinem Partner bestimmte Wörter vereinbaren, die als Signal dafür dienen, dass er augenblicklich und ohne zu zögern bestimmte Dinge zu tun hat:

- Auf ein bestimmtes Kommando von dir hat er auf die Knie zu fallen, auch außerhalb eures Rollenspiels in alltäglichen Situationen. Das kannst du insbesondere dann grundsätzlich verlangen, wenn er dich um etwas bittet, beispielsweise die Erlaubnis für einen Orgasmus oder sexuelle Zuwendung.

- Auf ein Kommando hin hat er deinen Hintern zu küssen.

- Auf ein Kommando hin hat er seinen Penis zu präsentieren.

- Auf ein Kommando hin hat er sich augenblicklich zu entkleiden.

- Auf ein Kommando hin hat er sich vor dir selbst zu befriedigen. Wenn du genug davon hast, hat er damit aufzuhören und seinen Penis wieder wegzustecken, egal auf welchem Level der sexuellen Erregung er sich inzwischen befindet.

- Du vereinbarst weitere kurze Befehle mit ihm, auf deren Äußerung hin er dich augenblicklich zu lecken, zu vögeln oder die Spalte deines Hinterns zu lecken hat.

Es gibt auch verschiedene erotische Spiele und Aktionen, um deinen Partner zu schikanieren und zu demütigen:

- Es kann unterhaltsam sein, deinem Partner die Hände zu fesseln und ihm dann zu befehlen, dich nur mithilfe seines Mundes beziehungsweise seiner Zähne auszuziehen.

- Du kannst ihn auch mit gespreizten Armen und Beinen auf das Bett fesseln und ihn dann stundenlang wechselweise kitzeln und sexuell aufheizen, ohne ihn zu erlösen.

- Du kannst dich vor ihm mit einem Dildo oder anderen Sex-Toys selbst befriedigen und ihm mitteilen, dass dich das viel mehr befriedigt, als wenn er es mit seinem ungeschickten Gefummel versucht.

- Du kannst den Dildo in seinen Mund schieben und deinem Partner befehlen, dich damit bis zum Orgasmus zu ficken.

- Du kannst ihn einfach nackt und gefesselt vor dir knien lassen, während du liest oder fernsiehst, wobei du mit deinem Schuh gelegentlich an seine Genitalien stupst.

- Du kannst ihm über längere Zeit (sagen wir: eine halbe Stunde) entweder befehlen, seine Erektion beizubehalten oder eine Erektion zu vermeiden und ihn bestrafen, wenn er versagt.

- Du kannst ihm befehlen, deinen Körper mit den Füßen beginnend in kaum erträglich langsamem Tempo von unten bis oben abzuküssen. Wenn er aufgrund wachsender Ungeduld zu schnell wird, hat er von vorn anzufangen.

- Du kannst dir eine aufblasbare Gummipuppe besorgen (gibt's bei Amazon ab zwölf Euro) und deinem Partner befehlen, so leidenschaftlich und gekonnt mit ihr Sex zu haben, als wäre sie eine Frau, auf die er heiß ist. Teile ihm mit, dass du ihn belohnen beziehungsweise bestrafen wirst – je nachdem, wie glaubhaft er sich dabei anstellt.

- Wenn dein Partner einen Samenerguss hat, hat er das Sperma danach entweder mit seiner Unterwäsche aufzuwischen, die er danach weiterträgt, oder aufzulecken. Ergießt er sich in ein Kondom, hat er dieses Kondom danach auszusaugen.

- Du kannst ihm auch befehlen, sich in eine Suppe oder auf ein anderes Lebensmittel zu ergießen, um dieses Lebensmittel danach zu verspeisen. Das ist besonders unangenehm, weil er diese Aufgabe nach seinem Orgasmus durchführen muss, sie also nicht mehr mit sexueller Erregung verbunden ist.

- Du kannst ihm befehlen, nackt in eine Position zu gehen, bei der sich sein Penis über seinem Gesicht befindet (wie bei einer Rolle rückwärts), um sich dann zum Orgasmus zu bringen. Dabei wird er unweigerlich in sein Gesicht ejakulieren. Vielleicht magst du ihm eine Belohnung versprechen, wenn er bei der Ejakulation in seinen Mund trifft.

Wenn es dir Spaß macht, ihn vor Dritten vorzuführen und zu demütigen, ist besonderes Fingerspitzengefühl gefragt, weil es übergriffig sein kann, Außenstehende in das eigene Intimleben einzubeziehen. Beurteile selbst, ob die folgenden Dinge für dich und deinen Partner infrage kommen:

- Du befiehlst ihm, in einer Apotheke Kondome zu kaufen und die Apothekerin zu fragen, ob sie die Größe »extra klein« vorrätig habe.

- Im Restaurant suchst du demonstrativ aus, was dein Partner essen wird, und gibst für ihn die Bestellung auf.

- Du lässt ihn beim Schaufensterbummel deine Handtasche tragen.

- Du lädst deine Freundinnen ein, lässt deinen Partner euch alle bedienen und sprichst dabei amüsiert-herablassend mit ihm und über ihn.

- Du berichtest einer deiner Freundinnen in einem Gespräch unter vier Augen von den sexuellen Vorlieben und Fantasien deines Partners und schilderst ihm danach ihre Reaktion.

- Du unternimmst mit deinem Partner eine nächtliche Autofahrt, bei der er sich zu entkleiden und längere Zeit neben dir nackt auf dem Beifahrersitz zu verbringen hat. Du kannst die Rückenlehne seines Sitzes verstellen, um deinen Partner in eine Haltung zu bringen, in der er von außen mal mehr, mal weniger gut erkennbar ist. Wähle dabei nicht gerade eine Route durch die Innenstadt, sondern lieber eine abgelegene Strecke und lass dich nicht zu sehr vom aufmerksamen Fahren ablenken: Nur wenn es wirklich sicher ist, kannst du deinem Partner in den Schoß greifen und seine Erektion fördern.

- Besuche mit ihm einen Strand oder ein Schwimmbad, erzeuge bei ihm auf der Liegewiese eine Erektion und fordere ihn dann auf, dir zum Beispiel ein Eis zu holen. Freue dich an seiner verlegenen Reaktion und drohe bei Ungehorsam mit einer Strafe.

Abgesehen von den denkbaren Empfindlichkeiten Dritter solltet ihr bei solchen Spielen auch darauf achten, dass keine Gefahr besteht, bei deinem Partner fortdauernde Schäden herbeizuführen, etwa weil er von Nachbarn, Bekannten, Kunden oder Kollegen in einer peinlichen Situation gesehen wird. Das ist eine Angstfantasie, mit der du spielen kannst; ihr solltet aber vermeiden, dass sie Wirklichkeit wird.

Und natürlich kannst du deinem Partner immer auch befehlen, dir eigene Vorschläge anzubieten, wie er von dir erniedrigt werden soll. Um seine Kreativität anzukurbeln, kannst du ihm mit einer wirklich unangenehmen Strafe drohen, falls du diese Ideen nicht demütigend genug findest.

Wenn deinen Partner sexuelle Demütigungen erregen, dürfte es ihn ebenfalls aufreizen, wenn du ihn amüsiert verspottest, wenn er sich über eine deiner Schikanen beschwert. Manche unterwürfige Männer reagieren in diesem Fall auch auf eine scharfe Zurechtweisung positiv, insbesondere wenn darin die Drohung noch weitergehender Schikanen mitschwingt, falls dein Partner nicht Ruhe gibt. Du kannst auch spontan zwischen beiden möglichen Reaktionen wählen, damit dein Partner nie weiß, womit er zu rechnen hat.

Je länger du solche Spiele spielst, desto eher findest du heraus, was sowohl dir als auch deinem Partner die intensiveren Gefühle beschert. Du wirst selbst neue Ideen der Demütigung entwickeln und deine ganz eigene Tonlage finden, mit der du deinen Partner herumkommandierst. Mit der Zeit entwickelst du dabei eine stabile Sicherheit und ausreichendes Selbstbewusstsein.

Zuletzt: Wenn ihr euch nicht explizit darauf geeinigt habt, dass du durchgehend die kühle, unnahbare Herrin bleibst (was in einer festen Partnerschaft schwierig sein dürfte), wird es wahrscheinlich sehr wohltuend für euch beide sein, wenn du deinen Partner außerhalb solcher Aktionen immer wieder auch liebevoll behandelst und ihm zeigst, dass du ihn in Wahrheit immer noch als Menschen auf Augenhöhe respektierst. Das kann für einen solchen Mann oft eine extreme Erleichterung darstellen, zumal ja schon der bloße Wunsch danach, von einer Frau erniedrigt zu werden, oft als »unmännlich« gilt.

Es ist auch hilfreich, dich immer wieder zu vergewissern, ob bestimmte Aktionen nicht doch zu weit gegangen sind. Demütigungen sind oft emotional sehr fordernd und können als Belastungen auch nach dem Ende einer solchen Aktion nachwirken. Falle also nicht auf das Klischee herein, Männer seien emotional viel unerschütterlicher als Frauen, nur weil sie die Folgen emotionaler Belastungen oft nicht so sehr zeigen. Je mehr Demütigungsspiele in einem Rahmen stattfinden, der emotionale Sicherheit bietet, desto leichter sind sie zu verarbeiten.

Wie demütigst du deinen Partner wegen seinem »zu kleinen Penis«?

Wenn es darum geht, einen Mann wegen seines angeblich zu kleinen Penis zu verspotten, gibt es mitunter ein absurdes Missverhältnis: Viele Frauen schrecken davor zurück, weil sie es als »zu fies« empfinden oder angesichts der tatsächlichen Ausstattung eines Mannes gar keinen Grund dazu sehen – und viele unterwürfige Männer wünschen es sich. Überraschenderweise gehören dazu auch viele Männer, die keineswegs zu kurz gekommen sind.

Natürlich wäre es daneben, wenn du einen Mann wegen der Größe seines Geschlechtsorgans niedermachen würdest, der dich nicht darum gebeten hat. Selbst wenn das auf dein Lustempfinden ernsthafte Auswirkungen hat, was selten der Fall ist, wäre es sinnvoller, nach einer Lösung zu suchen, die euch beide befriedigt: vom Einsatz eines Cockrings bis zu einfallsreicheren Sexpraktiken ist hier vieles denkbar. Einem Mann hingegen, der durch abfällige Kommentare erregt wird, tust du einen Gefallen, wenn du dich über seinen Penis lustig machst.

Dafür, dass dieses Verhalten bei einem Mann Erregung auslöst, kann es unterschiedliche Gründe geben:

- Der betreffende Mann genießt grundsätzlich Demütigungen, und da ein großer Penis mit Männlichkeit und Potenz verbunden ist, empfindet er eine Erniedrigung auf dieser Ebene als besonders intensiv und deshalb besonders scharf.

- Der betreffende Mann hat insgeheim Angst davor, als Partner im Bett nicht genügen zu können. Er gewinnt Kontrolle über diese Angst, indem er sie zu seinem sexuellen Fetisch macht.

- Der betreffende Mann verfügt wirklich über einen etwas kleineren Penis, wurde dafür in der Vergangenheit von Kumpels oder einer Partnerin beschämt und bewältigt die Erinnerung daran, indem er sie in einem lustvollen Rollenspiel wiederholt.

- Der »zu kleine Penis« liefert dem betreffenden Mann eine emotionale Rechtfertigung dafür, von Frauen beherrscht, schikaniert und vielleicht sogar (einvernehmlich) mit einem besser ausgestatteten Mann »betrogen« zu werden.

Wenn du diese Gründe verstehst, fällt es dir womöglich leichter, dich über den Penis deines Partners lustig zu machen, auch wenn du dir dabei andernfalls selbst unsympathisch wärst. Aber vermutlich fehlen dir noch die Finesse und die Ideen, wie du deinen Spott so gestalten kannst, dass er wirklich so demütigend gerät wie gewünscht. Deshalb habe ich dir hier eine Reihe von Ideen zusammengestellt.

Beginnen wir mit Demütigungen durch Worte:

- Für einige Männer ist es am erregendsten, wenn du auf ihren Penis als ein putziges Ding herabblickst, es witzig findest, dass es diese Größe überhaupt gibt, und dir lustige Spitznamen wie »Würmchen« dafür ausdenkst. Andere bringt es in Fahrt, wenn du in einen Lachanfall ausbrichst, der nicht enden will. Wieder andere reagieren heftiger auf bestürzten Unglauben und Schock gepaart mit der Behauptung, es sei unvorstellbar, dass eine Frau so etwas jemals in sich eindringen lasse, weil ihr das garantiert keinen Spaß mache. Beobachte deinen Partner, welcher Ansatz ihm am nächsten geht: Das kannst du gut daran erkennen, nach welchen Worten sein Penis sich am meisten in die Höhe streckt.

- Bedauere deinen Partner dafür, dass er sein ganzes Leben lang Frauen nur lecken können und seine Orgasmen immer nur durch Selbstbefriedigung haben wird.

- Bestärke die Vorstellung, dass ein Mann um so bewundernswerter ist, je größer sein Penis ist, und umgekehrt. Tue so, als sei das Allgemeinwissen, über das nur diejenigen Kerle zu diskutieren versuchen, die in dieser Rangordnung ganz unten stehen, wobei sie sich aber nur noch lächerlicher machen.

- Überlege laut, ob es nicht am sinnvollsten wäre, einen solchen Penis in einem Keuschheitsgürtel langfristig wegzusperren, damit keine Frau mehr von diesem Anblick beleidigt wird. Behaupte, dass ein Penis, der über längere Zeit nicht erigieren kann, degeneriert und noch weiter schrumpft, wobei das im Fall deines Partners aber auch schon egal sei.

- Vergleiche den Penis wegen seiner Größe mit der weiblichen Klitoris.

- Vergleiche ihn mit den winzigsten länglichen Objekten, die dir einfallen, beispielsweise Babykarotten.

- Erkläre, wie kümmerlich dieser Penis im Vergleich mit dem Penis deines Ex-Partners aussieht, und schildere genüsslich, wie sehr er es dir damit besorgt hat. Lass anklingen, ihr würdet immer noch in Kontakt miteinander stehen.

- Sage deinem Lover, wenn er bereits eine Erektion hat, scheinbar tröstend, dass sein Penis bestimmt noch wachsen werde, sobald er vollständig steif ist. Wenn dir dein Lover mitteilt, das sei längst der Fall, reagiere mit Ungläubigkeit.

- Erkundige dich nach den demütigendsten Erfahrungen deines Partners, wenn eine andere Frau seinen Penis gesehen hat, und überlege laut, was in ihr wohl vorgegangen sein mag. Du kannst dieses Spiel auf generelle Ablehnungen durch Frauen erweitern, also auch wenn sie den Penis deines Partners nicht zu Gesicht bekommen haben.

- Gähne demonstrativ gelangweilt, wenn dein Partner seinen Penis oder seinen Wert als Mann verteidigt oder zu erklären versucht, dass Spaß am Sex nichts mit der Größe eines Penis zu tun habe. Tue so, als seien solche Argumente offensichtlicher Nonsens und verschwendete Mühe.

- Befiehl deinem Partner, selbst ausführlich zu erklären, warum sein Penis unzureichend ist, und dich um Verzeihung zu bitten, dass er dich damit behelligt.

Du kannst bei solchen Demütigungen aber auch Worte und Taten aneinander koppeln:

- Du lässt dich von deinem Partner besteigen und erlaubst ihm, in dich einzudringen. Dann behauptest du, dass du seinen Penis beim besten Willen nicht in dir spüren kannst.

- Benutze nur Daumen und Zeigefinger, wenn du deinem Partner einen runterholst.

- Zeige deinem Partner Bilder oder Videoclips von besonders großzügig ausgestatteten Männern und vergleiche deinen Partner mit ihnen.

- Miss den Penis mit einem Zentimetermaßband ab und kichere angesichts des Ergebnisses.

- Mach dir einen Spaß daraus, Eiswürfel darauf zu verreiben, um ihn noch mehr schrumpfen zu lassen.

- Lass deinen Partner mit »Clone a willy« (gibt's bei Amazon) eine Silikonkopie seines Penis herstellen und ficke damit seinen Hintern. (Siehe hierzu das entsprechende Kapitel später im Buch.) Wiederhole dasselbe danach mit deinem größten Dildo. Frage deinen Partner, ob er den Unterschied spürt. Falls dir das zu viel Aufwand ist, genügt ein einfacher Größenvergleich zwischen dem Penis deines Partners und deinem Lieblingsdildo.

- Befiehl deinem Partner, sich einen Umschnalldildo anzulegen und es dir damit zu besorgen, da er es mit seinem eigenen Organ offensichtlich nicht schaffen wird.

- Trage im Alltag ab und zu ein T-Shirt mit der Botschaft »Ich mag große Schwänze!« oder etwas Ähnlichem, um deinen Partner immer wieder an seine Minderwertigkeit zu erinnern.

- Mache, wenn ihr unterwegs seid, immer wieder mal Gesten in Richtung deines Partners, deren Bedeutung nur er versteht, zum Beispiel indem du demonstrativ mit deinem kleinen Finger wackelst.

- Mache Fotos von seinem Geschlechtsteil, veröffentliche sie anonym auf einem »Mini-Penis-Blog« und lade zum Hinterlassen von Kommentaren ein. Verteile den Link zu diesem Blog großzügig in Internetforen, die von vielen Frauen besucht werden.

- Ein Übergang zur Genitalfolter kann so aussehen, dass du den Penis mit etwas einwickelst, woran du Gewichte anbringst, um ihn zu strecken und so größer werden zu lassen – oder indem du dasselbe durch heiße Luft, etwa mit Verwendung eines Föhns, probierst.

- Hast du eine oder mehrere Freundinnen oder Bekannte, die du in ein Demütigungsspiel miteinbeziehen kannst? Dann rufe sie an und berichte ihnen gut gelaunt von deinem armseligen Freund, während er schweigend daneben sitzen muss. Vor mehreren Frauen gleichzeitig erniedrigt zu werden, ist eine besonders intensive Erfahrung für jeden unterwürfigen Mann. Dass er seinen Penis mehreren Frauen vorführen muss, die ihn deswegen auslachen, mag sehr gut einer seiner heißesten Träume sein, lässt sich aber wohl nur in den seltensten Fällen verwirklichen.

Wie du die Männlichkeit deines Partners noch weiter reduzieren kannst, verrät dir das nächste Kapitel.

Wie machst du deinen Partner zur Frau?

Seinen Partner dazu zu »zwingen«, Frauenkleidung zu tragen, wird in der Sprache der SM-Szene als »forced feminization« beziehungsweise »sissification« bezeichnet. Das »Zwingen«, auch wenn es nur innerhalb einer Rollenverteilung geschieht, auf die ihr euch vorher geeinigt habt, ist wichtig: Denn wenn dein Partner aus freien Stücken Frauenklamotten trägt, handelt es sich einfach um »Crossdressing«. Wobei man natürlich argumentieren kann, es handle sich immer noch um nicht mehr als Crossdressing – nur eben, dass der betreffende Mann jemanden braucht, der es ihm befiehlt.

Warum mögen manche Männer das? Ich fürchte, wenn man tief genug danach gräbt, ist der Hauptgrund ein klein wenig sexistisch: Weil Frauen vielfach immer noch als nicht so stark und potent empfunden werden, stellt es für diese Männer eine erotische Demütigung dar, sich wie eine Frau anziehen zu müssen. Das wird noch klarer, wenn man bedenkt, dass es umgekehrt nicht funktioniert: Wenn ein Mann seiner unterwürfigen Partnerin befiehlt, Männerkleidung zu tragen, fehlt von erotischem SM-Kick jede Spur.

Diese beiden Erkenntnisse liefern uns den Schlüssel dafür, was bei dieser Spielart deine Hauptaufgabe ist: Du und nicht dein Partner suchst aus, was er anziehen soll, und je traditionell weiblicher diese Kleidung ist, umso stärker dürfte die Demütigung und damit der sexuelle Reiz sein. Deshalb spielen hier rosafarbene Kleidung, Netzstrümpfe und Strapse, Rüschen und Spitzenbesatz sowie die Uniformen von Schul- und Dienstmädchen eine so große Rolle. Dazu kommen dann viel Schminke, lackierte Nägel, Enthaarungen der Haut und Frauenfrisuren, um den betreffenden Mann noch weiblicher werden zu lassen. Vervollständigt wird seine Entmachtung, indem man ihm klassische Hausfrauentätigkeiten wie Kochen, Putzen und Bügeln überträgt. Man darf sich zu Recht fragen, ob dieser Fetisch aussterben wird, wenn es noch selbstverständlicher als heute sein wird, dass auch viele Männer solche Aufgaben bereitwillig übernehmen.

Folgende Dinge kannst du tun, um einen Mann erotisch aufzuheizen, der auf »erzwungene Verweiblichung« steht:

- Zeige ihm in einem Katalog oder online, welche Frauenkleidung ihm deiner Ansicht nach stehen würde, weshalb du überlegst, sie ihm zu kaufen.

- Gehe gemeinsam mit ihm solche Kleidung kaufen: Oberbekleidung ebenfalls wie Dessous. Ziehe ihn vielleicht ein wenig damit auf, dass du ihn fragst, welche Wäsche er selbst gern tragen würde. Halte die Frauengarderobe im Geschäft demonstrativ vor seinen Körper, um einzuschätzen, ob sie ihm passen und stehen würde. Die Verkäuferinnen mit einzubeziehen und ihnen von deinem Partner mitteilen zu lassen, dass die ausgewählten Kleidungsstücke für ihn sind, ist besonders demütigend, aber auch besonders heikel. Nicht jede Verkäuferin dürfte begeistert sein, in eure Aktionen mit einbezogen zu werden, und es besteht die Gefahr, dass sich die Vorliebe deines Partners herumspricht und seinem Ruf schadet. Wenn ihr das also tut, dann vielleicht nicht gerade in eurer Heimatstadt und nur mit ein wenig Fingerspitzengefühl. Vielleicht wechselst du auch ein paar Worte mit der Verkäuferin, während sich dein Partner in so großem Abstand befindet, dass er nicht versteht, was ihr miteinander tuschelt, und es sich selbst vorstellen muss.

- Erkläre deinem Mann, warum du bestimmte Frauenkleidung als passend für ihn empfindest. Das dürfte sein Gefühl der Erniedrigung noch verstärken. Dazu gehört, dass du dir selbst darüber klar wirst, was du eigentlich willst: Soll dein Partner besonders dekorativ aussehen, besonders dämlich oder soll die Kleidung vor allem praktisch sein, damit er darin seine Aufgaben im Haushalt erledigen kann?

- Ergänze diese Kleidung nach Wunsch durch Make-up oder ein auffallend feminines Parfüm. Lass deinen Partner, wenn du magst, auch seine Finger- und Zehennägel lackieren.

- Befiehl deinem Partner, seinen Körper weitgehend zu rasieren – insbesondere Schoß und Beine – und seine Haut mit einer Pflegelotion für Frauen einzucremen.

- Gib ihm einen Frauennamen wie »Chantal« oder »Uschi«, mit dem du ihn häufig ansprichst. Bei vielen Männern bietet es sich an, ihren echten Vornamen zu verweiblichen, etwa »Martina« statt »Martin«. Verwende diesen Namen mit Bedacht, also nur geflüstert, wenn ihr in der Öffentlichkeit unterwegs seid.

- Erkläre ihm, warum er in deinen Augen jetzt kein »richtiger Mann« mehr sei, weshalb Sex mit ihm für dich jetzt nicht mehr infrage komme. Befriedige dich demonstrativ selbst.

- Falls du doch noch Sex mit deinem Mann haben möchtest, kannst du auch die eindeutig herrschende Rolle dabei einnehmen, also etwa befehlen, wann und wie der Sex stattfindet, eine dominante Position wählen (du reitest deinen Partner statt umgekehrt) und vielleicht sogar mit einem Umschnalldildo in deinen Mann eindringen. Benutze deinen Partner, bis du selbst befriedigt bist, ohne auf seine Befriedigung zu achten, und lass ihn dann achtlos liegen – vielleicht mit einem kurzen »gern geschehen« zum Abschluss, als müsste er dir dafür dankbar sein, dass du dich an seinem Körper bedient hast.

- Melde deinen Mann bei einem Fitnesskurs an, bei dem sich sonst fast nur Frauen finden, also etwa Yoga, Zumba oder Pilates. Auch hierfür kannst du die deines Erachtens passende Kleidung auswählen.

- Nimm demütigende Fotos von ihm in Frauenkleidung auf, was du unter Umständen in ein Erpressungs-Rollenspiel münden lassen kannst. Möglicherweise benötigt dein Partner allerdings die emotionale Sicherheit, dass du die Fotos danach in seinem Beisein wieder löschst. Das Online-Posten solcher Bilder, auf denen dein Partner mit etwas Mühe erkennbar ist, kann selbst auf versteckten Websites sehr riskant sein: Fotos werden schnell einmal von Fremden herunterkopiert und wandern dann unkontrolliert durchs Netz.

- Wenn dein Partner dich in Frauenkleidung bedient oder in dieser Aufmachung Arbeiten erledigt, trainiere ihn dabei von Tag zu Tag mehr, sodass er zum Beispiel Schuhe mit immer höheren Absätzen tragen kann, wenn er dir etwas zu trinken serviert.

Wie praktizierst du »Cuckolding«?

»Cuckolding« ist eine Praktik, die in Deutschland noch nicht sehr bekannt sein dürfte, für die es international aber wachsendes Interesse gibt. In Suchmaschinen von Porno-Websites zum Beispiel gehört es zu den Begriffen, die am häufigsten eingegeben werden, und eine Umfrage des Sozialpsychologen Dr. Justin Lehmiller ergab, dass in den USA 58 Prozent der Männer und ein Drittel der Frauen Fantasien darüber haben.

Dass fast doppelt so viele Männer wie Frauen davon träumen, mag überraschen. Schließlich bedeutet »Cuckolding«, dass der männliche Partner einer Beziehung es zulässt, dass seine dominante weibliche Partnerin es in den Armen eines in irgendeiner Hinsicht überlegenen Nebenbuhlers so richtig krachen lässt und zur sexuellen Ekstase gelangt. Er selbst, das macht ihm seine Partnerin immer wieder klar, ist als Mann derart jämmerlich, dass er es nicht wert ist, mit ihr ins Bett zu gehen. Für eine Frau ist dieses Arrangement oft ideal: Während all ihre Gelüste von einem oder auch wechselnden Männern befriedigt werden, die sie scharf findet, kümmert sich ihr fester Partner um alle anderen Angelegenheiten wie zum Beispiel die finanzielle Versorgung und den Haushalt, lässt sich nach Belieben demütigen und betet seine Partnerin trotzdem geradezu an. Statt eines Mannes kann sich die dominante Partnerin hier übrigens auch eine Frau ins Bett holen, was unterwürfige Männer häufig als noch demütigender und erregender empfinden.

Wenn ihr euch beide für dieses Arrangement interessiert, könnt ihr es unterschiedlich gestalten.

Einige Beispiele von Regeln, die ihr jeweils übernehmen könnt oder nicht:

- Nur du entscheidest, mit welchem Mann du in die Kiste steigst. Dein fester Partner hat kein Vetorecht.

- Dein Partner muss dir dabei helfen, einen passenden Mann zu finden, und ihn vielleicht sogar fragen, ob er bereit wäre, dich zu befriedigen, weil dein Partner selbst nicht Mann genug dafür sei.

- Du darfst darüber entscheiden, ob und in welcher Form dein fester Partner an sexuellen Begegnungen mit deinem Stecher teilnehmen darf. (Ich verwende ab hier der Einfachheit halber das Wort »Stecher« für jeden Mann, mit dem du statt deines Partners Sex hast. In englischsprachigen Texten wird hierfür das Wort »bull« benutzt.)

Eine Beteiligung deines Partners kann unterschiedlich aussehen:

- Beispielsweise indem er dich mit seiner Zunge sexuell in Stimmung bringt, bevor dich dein Stecher besteigt, dass er nach dem Sex deine Möse mit seiner Zunge reinigt, dass er dich während des Sex zusätzlich stimuliert oder dass er einfach nur zusehen muss. Manche Frauen lassen sich von hinten von ihrem Stecher nehmen, während ihr fester Partner unter ihnen liegt. Andere küssen ihren Partner intensiv, während sie unter den Stößen ihres Stechers lustvoll aufstöhnen. Wenn gleichgeschlechtliche Begegnungen für keinen deiner Männer ein Tabu sind, kannst du deinem Partner auch befehlen, deinem Stecher sexuell zu Diensten zu sein.

- Die abgeschwächte Variante: Du bist mit deinem Stecher beim Sex allein und berichtest deinem Partner danach in allen Einzelheiten davon.

- Eine heftigere Variante: Dein Partner ist gefesselt, hat eine Tüte über dem Kopf, die Augen verbunden oder ist in einen Schrank gesperrt worden und muss euch beiden hilflos beim Sex zuhören.

- Eine weitere Variante: Dein Partner hat dich zur Wohnung deines Stechers zu fahren und im Auto zu warten, bis du befriedigt zurückkehrst.

- Deinem festen Partner ist während der Dauer des gesamten Arrangements (also gegebenenfalls über Jahre hinweg) ein eigener Orgasmus, auch durch Selbstbefriedigung, nur erlaubt, wenn du dies ausdrücklich gestattet hast. Er muss ihn sich also durch gute Führung erst verdienen, während du dich sexuell voll ausleben kannst. Oder: Er darf erst dann seinen Orgasmus haben, nachdem du deinen durch deinen Stecher hattest, was deinen Partner dazu motiviert, euer nächstes Treffen möglichst zügig herbeizuführen. Spätestens wenn er deinen Stecher am Telefon anfleht, dich endlich wieder zu besteigen, weißt du, dass die Dinge wirklich gut für dich laufen.

- Dein fester Partner hat auch deinen Stecher als seinen Herrn zu akzeptieren, ihn zu bedienen, wenn er bei euch zu Besuch ist, und Aufgaben für ihn zu übernehmen, wie zum Beispiel seinen Wagen zu waschen, während sich dein Stecher im Bett mit dir vergnügt. Du kannst ihm auch befehlen, nach einer heißen Liebesnacht ein fürstliches Frühstück für euch zuzubereiten und vielleicht ans Bett zu bringen.

- Wenn dein fester Partner in irgendeiner Weise herummotzt oder sich auflehnt, darfst du ihn dafür hart bestrafen. (Diese Regelung umfasst Situationen innerhalb eures Arrangements. Natürlich hat dein Partner jederzeit das Recht, dieses Arrangement ernsthaft mit dir besprechen oder aufzukündigen; er ist ja nicht dein echter Sklave.)

- Wenn dein Partner besonders brav und gefügig ist, kann er sich dadurch Vergünstigungen verdienen, wie z. B. einen Orgasmus, wieder neben dir schlafen zu dürfen oder sogar Sex mit dir.

- Besonders demütigend kann es auch sein, eure Aktionen halb in die Öffentlichkeit zu verlegen. Beispiele: Du und dein Stecher tun es in einem Park oder an einem anderen geeigneten Ort, während dein Partner Wache steht und aufpasst, dass niemand auf euer Treiben aufmerksam wird. Oder: Ihr trefft euch zu dritt in einem Lokal und du tust es mit deinem Stecher auf der Toilette, während dein Partner am Tisch bleiben muss. Oder: Du und dein Stecher tun es auf der Rückbank eines Wagens, den dein Partner durch die Straßen steuert.

Das klingt alles ganz schön happig, zugegeben. Und trotzdem stellt es nicht nur eine weitverbreitete Fantasie dar – den Sexualforschern Justin Lehmiller, David Ley und Dan Savage zufolge kann es für Paare sogar eine positive Erfahrung darstellen. »Insgesamt haben unsere Untersuchungen ergeben, dass Cuckolding in den meisten Fällen eine positive Fantasie und ein positives Verhalten ist«, berichtet Ley in einem Beitrag des Nachrichtensenders CNN. »Es scheint kein Zeichen für eine Störung, für eine ungesunde Beziehung oder für die Missachtung des Partners zu sein.« Jedoch gebe es Einschränkungen, warnt Lehmiller: Für Menschen, die unter großer Angst leiden, von ihrem Partner verlassen zu werden, denen es an Intimität und Kommunikation mangelt und die nicht vorsichtig und gründlich planen, könne es sich sehr wohl zu einer negativen Erfahrung entwickeln.

Das ist nachvollziehbar: Cuckolding mag als Fantasie für viele scharf sein, aber den geliebten Partner tatsächlich in den Armen eines anderen Menschen zu sehen, während man selbst gedemütigt wird, kann auch für unterwürfige Männer belastend sein. Zwar zeigten sich Paare, bei denen es sich positiv entwickelte, überaus beglückt, erklärt Dan Savage, aber es sei ratsam, kleine Schritte zu machen und dabei immer im Gespräch zu bleiben.

Genau das würde auch ich dir – so wie bei vielen anderen heiklen Praktiken ebenfalls – empfehlen, wenn dich diese erotische Spielart reizt: Statt gleich in die Vollen zu gehen, beginnst du besser auf einer relativ harmlosen Ebene, die dein Partner gut verkraften müsste. Dann spürt ihr beide nach, wie es euch dabei geht. Wollt ihr den nächsten Schritt wagen und dein Partner gibt dir das Okay dazu? Dann macht weiter. Oder fühlt er sich jetzt schon ernsthaft unwohl? Dann brecht lieber ab, bevor Eifersucht, Scham, Minderwertigkeits- und Schuldgefühle eure Beziehung zerstören.

Grundvoraussetzung dafür, dass ihr überhaupt diesen Versuch startet, ist – so wie generell beim Öffnen einer Beziehung für Dritte – eine funktionierende Partnerschaft, in der einer dem anderen vertraut. Unterhaltet euch gleich zu Beginn offen über alle Sorgen und Ängste, die für einen von euch vielleicht mit Cuckolding verbunden sind. Sprecht anhand der oben aufgeführten Ideen darüber, wie diese Form der Beziehung konkret für euch aussehen kann. Gibt es Aktivitäten, die du mit deinem Stecher nicht durchführen kannst, weil das für deinen festen Partner ein Tabu wäre?

Zu diesem Gespräch gehören auch Fragen wie:

- Wie möchtet ihr, wenn nötig, dafür sorgen, dass Bekannte und Kollegen deines festen Partners nicht erfahren, dass du mit anderen Männern ins Bett gehst, was unschöne Folgen für ihn haben könnte? Nicht jeder hat Verständnis für ein solches Arrangement.

- Mit welchen Maßnahmen möchtest du euch vor der Übertragung einer Geschlechtskrankheit schützen?

- Wie geht ihr mit dem Risiko um, dass du von deinem Stecher schwanger wirst? Schließlich bietet keine Verhütungsmethode absolute Sicherheit.

Wenn du eure bisherige Zweier-Partnerschaft ganz allmählich in eine Cuckolding-Beziehung umwandeln möchtest, sind folgende Schritte denkbar:

- Du beginnst erst einmal allein, eine selbstbewusste Sexualität zu entwickeln, in der dein Partner keine Rolle spielt: mit Vibratoren, Dildos und anderen Toys. Besuche öfter mal einen Sex-Shop und lasse deine Einkäufe von deinem Partner bezahlen, der es offenbar nicht schafft, dich ausreichend zu befriedigen.

- Such im Internet Storys über Cuckolding und lies sie deinem Partner vor. Schaut entsprechende Pornos zusammen. Fantasiere laut dabei, wie es wäre, wenn ihr in der Rolle des gezeigten Paares wärt.

- Äußere eigene Fantasien, wie echtes Cuckolding für euch aussehen könnte.

- Schwärme deinem Partner von dem Sex vor, den du früher mit anderen Männern hattest. Wähle anfangs sicherheitshalber Männer, die in deinem Leben längst keine Rolle mehr spielen. Kann sich dein Partner beim Zuhören zum Orgasmus bringen oder irritieren ihn deine Erlebnisse zu sehr?

- Ziehe dich in jeder Hinsicht immer aufreizender an. Verzichte auf Unterwäsche. Gehe so gekleidet öfter mal allein aus – oder mit Freundinnen, die leicht und gern Kontakte zu Männern herstellen. Schicke deinem Partner ab und zu eine SMS, in der du von einem Mann berichtest, den du besonders heiß findest.

- Flirte mit anderen Männern: zunächst wenn du allein unterwegs bist, dann wenn sich dein Partner in einiger Entfernung aufhält und dich beobachtet, und schließlich, wenn er direkt neben dir sitzt.

- Suche auf Tinder oder online nach Männern, die dir gefallen, während dein Partner danebensitzt. Befiehl ihm nach einiger Zeit, dich zu lecken, während du ihm berichtest, was für einen tollen Kerl du gerade vor Augen hast.

- Triff dich mit einem anderen Mann zu nicht-sexuellen Freizeitaktivitäten und berichte danach deinem Partner, wie toll es war.

Wenn es so weit gut gegangen ist und auch dein Partner diese Entwicklung anregend findet, statt mehr als gewollt darunter zu leiden, kannst du guten Gewissens Ernst machen und mit einem anderen Mann ins Bett gehen. Und wenn danach immer noch alle Zeichen auf Grün stehen, kannst du all die oben genannten zusätzlichen Schikanen und Demütigungen dazunehmen, die Cuckolding noch intensiver machen – oder Cuckolding mit Elementen des Femdom kombinieren, die in andere Kapiteln dieses Ratgebers vorgestellt werden.

Wie besorgst du es deinem Partner mit einem Umschnalldildo?

Eine weitere Möglichkeit zur »Verweiblichung« deines Partners besteht darin, dass du beim Sex diejenige bist, die in ihn eindringt, statt umgekehrt. Diese Praktik, für die du einen Umschnalldildo in den Hintern deines Partners stößt, wird als »Pegging« bezeichnet.

Männer werden dadurch zum einen auf einer emotionalen Ebene erregt, wenn es ihnen gefällt, von einer Frau im Bett beherrscht zu werden oder wenn sie Pegging als demütigend empfinden und solche Demütigungen sie aufreizen. Zum anderen kann die Stimulation des Analbereichs und dabei insbesondere der Prostata, wie es beim Pegging geschieht, auch rein körperlich ausgesprochen lustvoll sein. Sogar ein Samenerguss ist möglich – ohne dass der Penis des Mannes vorher auch nur berührt wird. Vielleicht wird der Penis auch von dir beziehungsweise deinem Partner selbst durchaus stimuliert, aber die durch das Pegging ausgelösten Muskelkontraktionen machen den Orgasmus deines Lovers sehr viel intensiver (auch wenn es bis dahin etwas länger dauert).

Möglicherweise spielen sogar die körperlichen Erfahrungen und das Gefühl der Demütigung zusammen, und der Mann, den du von hinten nimmst, erlebt, dass er um so heftiger kommt, je mehr er von dir erniedrigt wird. Das kann dazu führen, dass er sich danach zu sehnen beginnt. Allerdings gibt es auch Männer, die Pegging nichts abgewinnen können: weil es ihnen einfach nicht gefällt oder weil körperliche Probleme ihnen den Spaß an der Sache rauben: beispielsweise Hämorrhoiden oder eine Muskelverspannung, die vom Rücken her ausstrahlt. Und so wie nicht jede Frau über einen stark reizbaren G-Punkt verfügt, macht auch nicht jeden Mann die Stimulation seiner Prostata geil.

Aber was hast du selbst davon? Manche Frauen geraten durch das Pegging ebenfalls körperlich in Wallung, für viele andere gilt das nicht. Sie benötigen zusätzliche Hilfsmittel wie zum Beispiel einen Vibrator oder einen Dildo, dessen anderes Ende beim Pegging in ihre Möse stößt. Auch ein längeres Vorspiel kann hilfreich sein, sodass du vor dem Pegging schon auf Hochtouren bist. Vor allem aber gibt diese Praktik dominanten Frauen einen emotionalen Kick, auf diese Weise in einen Mann hineinstoßen zu können statt umgekehrt. Sie fühlen sich dadurch besonders stark und machtvoll.

Allerdings solltest du dich dadurch nicht so sehr in einen Rausch versetzen lassen, dass du tatsächlich in deinen Partner hineinhämmerst, um ihn »mal richtig ranzunehmen«. Beim Pegging ist noch mehr als bei vielen anderen Femdom-Aktionen eine konstante Balance aus Dominanz und Einfühlungsvermögen gefragt.

Folgende Tipps können dir helfen, wenn du diese Praktik ausprobieren möchtest:

- Es gibt die unterschiedlichsten Arten von Umschnalldildos: auswechselbare und fest angebrachte, solche mit Vibrator im Innenteil und so weiter. Alle haben ihre jeweiligen Vor- und Nachteile. Du kannst sie zwar problemlos online kaufen – wenn du dich hierbei aber nicht auskennst, ist das keine sehr gute Idee. Stattdessen brauchst du professionelle Beratung im Fachhandel.

- Dabei empfiehlt es sich, deinen Partner mitzunehmen, damit auch er sieht, was es alles im Angebot gibt und was davon ihm in Sachen Material, Farbe und Form gefallen würde. Du kannst ihn ein bisschen damit drangsalieren, dass du dich zunächst für besonders große Dildos zu interessieren scheinst.

- Die kaufst du als Anfängerin aber natürlich nicht, sondern beginnst mit einem kleinen Modell. Ein jungfräulicher Hintern muss erst einmal gedehnt und an diese neue Praktik gewöhnt werden.

- An den Umgang mit diesem Dildo gewöhnst du dich aber erst einmal allein. Schließlich ist es so, als ob du plötzlich einen zusätzlichen Körperteil hättest, und deine ersten Bewegungen damit dürften eher ungeschickt sein. Dieses erste ungelenke Herumgestochere muss nicht im Hintern deines Partners stattfinden. Stattdessen solltest du besser von Anfang an den Eindruck vermitteln, dass du weißt, was du tust.

- Wenn man einen Gegenstand aus einem Hintern zieht, ist nie hundertprozentig auszuschließen, dass sich daran Fäkalspuren finden. Dein Partner kann hier mit gründlichem Waschen mit Seife oder einem warmen Bad ein wenig vorbeugen; ein Einlauf vor dem Pegging ist nicht notwendig. Wenn dich die Vorstellung allzu sehr gruselt, nach dem Sex deinen Dildo von geringfügigen Exkrementen reinigen zu müssen, streife vor dem Pegging ein Kondom darüber, das du danach einfach abziehen kannst.

- Wie bei jeder Form von Analsex ist es auch beim Pegging sinnvoll, dass dein Partner und damit sein Hintern möglichst entspannt ist: Das reduziert den möglichen Schmerz. Nehmt euch also vor allem viel Zeit und habt Geduld. Die Schließmuskeln verspannen sich zunächst automatisch, um sich gegen Eindringlinge zu schützen. Du solltest also abwarten, bis sie sich gelockert haben. Dein Partner kann seine Entspannung verstärken, indem er längere Zeit tief durchatmet und vielleicht die entsprechenden Muskeln abwechselnd immer wieder anspannt und lockert, über die er Kontrolle hat.

- Unter Umständen kann es helfen, wenn ihr vor dem Pegging einen Porno schaut. Je erregter dein Partner ist, desto eher dürfte er in der Stimmung sein, anal von dir genommen zu werden.

- Weil ein Hintern im Gegensatz zu einer Möse nicht selbst Feuchtigkeit erzeugen kann, benötigst du ein möglichst hautfreundliches und chemikalienfreies Gleitmittel – und zwar wirklich viel davon. Produkte auf Silikon- oder Ölbasis sind gleitfreudiger als solche auf Wasserbasis und bleiben an einem Dildo auch besser haften. Dafür greifen sie, wenn du sie häufig verwendest, dessen Material an – vielleicht ein weiterer Grund, ein Kondom über den Dildo zu ziehen.

- Um deinen Partner noch weiter zu entspannen, kannst du ihn an den richtigen Stellen massieren: erst die Innenschenkel, den unteren Rücken und die Pobacken, dann seinen Damm und schließlich kreisförmig um die Öffnung seines Pos herum.

- Hämmere danach nicht gleich deinen Dildo in den Hintern deines Lovers, sondern schiebe erst einmal deine Finger hinein, bewege sie ein bisschen, dehne den Hintern dadurch und dringe tiefer damit ein. (Denke vor dem Pegging daran, dir die Nägel zu schneiden!) Hier kommt es vor allem auf die »Balance« an, die beim Pegging so wichtig und zugleich nicht einfach zu halten ist: Einerseits willst du möglichst sanft statt brutal sein, andererseits ja auch forsche Dominanz verkörpern. Da ein Dildo im Unterschied zu einem Penis keine Empfindungsrezeptoren hat und du auch nicht weißt, wie das Rektum deines Partners gebogen ist, empfiehlt sich anfangs, das Hauptgewicht auf Vorsicht und Behutsamkeit zu legen. »Richtig zureiten« kannst du deinen Lover immer noch, wenn du Pegging beherrschst.

- Es kann sein, dass dieser Vorgang trotz all deiner Bemühungen nicht völlig schmerzfrei ist, aber die geringen Schmerzen sollten gut erträglich sein.

- Wenn es dein Dildo dann irgendwann durch den Schließmuskel geschafft und damit das größte Hindernis überwunden hat, wäre es kontraproduktiv, ihn gleich wieder hinauszuziehen, um damit von Neuem vorzustoßen. Lass ihn lieber eine Zeit lang im Hintern deines Partners ruhen, damit sich dein Lover daran gewöhnen kann, und frage ihn, wie er sich fühlt, bevor du weitermachst.

- Generell ist es vor allem dann wichtig, dass ihr miteinander redet, wenn du deinen Partner in einer Stellung nimmst, in der du ihm nicht ins Gesicht sehen und an seinem Mienenspiel ablesen kannst, wie es ihm gerade geht.

- Womöglich kann sich dein Partner besser entspannen, wenn er durch eine Stimulation eines anderen Körperteils – beispielsweise seines Penis – abgelenkt wird. Das auch noch zu übernehmen, kann dich als Anfängerin aber überfordern, weshalb du es vielleicht besser deinem Partner überlässt. Vielleicht ist das für deinen Partner aber gar nicht nötig und er möchte sich stattdessen lieber auf die Empfindungen konzentrieren, die du in seinem Hintern auslöst. Manche Männer verlieren ihre Erektion beim Pegging – was aber nicht automatisch heißt, dass es ihnen nicht gefällt.

- Du hast auch die Möglichkeit, einen Teil deiner Dominanz aufzugeben und deinen Partner durch Bewegungen seines Unterleibs bestimmen zu lassen, wie tief, wie schnell und wie heftig du in ihn eindringst. Du selbst würdest dich dabei kaum bewegen, sondern stattdessen darauf achten, was er mag.

- Sobald du etwas erfahrener bist, kannst du das Pegging auch damit begleiten, dass du deine Hände anderweitig einsetzt, also beispielsweise mit deinen Nägeln über den Rücken deines Partners fährst oder ihm Schläge auf die Pobacken gibst.

Damit kommen wir zu der Frage, welche Stellung für ein solches Pegging besonders günstig ist. Aus einer Vielzahl möglicher Stellungen habe ich einige herausgesucht:

- Die Position, die wohl am nächsten liegt, wenn man an Pegging denkt, ist die Hündchenstellung: Er auf allen vieren, du dahinter. Für Anfänger ist sie allerdings ungeeignet, weil sich dabei die Pomuskeln deines Partners kaum entspannen können, es euch schwerfallen dürfte, das Gleichgewicht zu halten, und dein Dildo nur fast waagrecht in den Hintern deines Partners eindringen kann, was unangenehm ist. Besser ist es, wenn du diese Stellung ein wenig modifizierst, sodass der Oberkörper deines

Partners auf einem Bett, einem Polster oder einem Berg Kissen zur Ruhe kommen kann. Den Winkel, mit dem dein Dildo eindringt, könnt ihr dann beide dadurch verändern, wie ihr eure Beine auseinander- beziehungsweise zusammenführt, wodurch sich die Höhe eurer Hüften verändert. Dann kannst du mit deinem Dildo auch wirklich tief eindringen. Die Nachteile dieser Position (wie auch der Hündchenstellung): Du erreichst nur schwer den Penis deines Partners. Außerdem könnt ihr einander nicht ins Gesicht sehen.

- Dasselbe gilt, wenn du auf dem Bettrand sitzt und dein Partner sich mit dem Hinterkopf zu dir auf deinem Schoß niederlässt, wobei dein Dildo in seinen Hintern eindringt. Der Nachteil hier: Du wirkst in dieser Stellung nicht besonders dominant. Der Vorteil: Dein Partner hat viel Kontrolle über die Tiefe deines Eindringens und du erreichst problemlos seinen Penis.

- Sehr wohl ins Gesicht sehen könnt ihr euch, wenn dein Partner auf dem Rücken liegt, wenn du in ihn eindringst.

- Eine Alternative: Du legst dich auf den Rücken und dein Partner lässt sich dann in der Hocke oder auf Knien auf deinen Dildo herunter. Sein Gewicht trägt dann dazu bei, dass der Dildo tiefer eindringen kann – was allerdings auch schon mal dazu führen kann, dass der Dildo tiefer hineinfährt als gewollt. Die Nachteile: Auch hierbei wirkst du nicht automatisch dominant und in dieser Stellung seid ihr beide schneller erschöpft.

- Du kannst dich auch hinter deinen Partner stellen (trag Stöckelschuhe, wenn du kleiner bist als er), während er sich nach vorn beugt und auf seinen Knien abstützt, und dann deinen Dildo in ihn einführen. Das ist ein bisschen wackelig, deshalb sollte er in Reichweite eine Gelegenheit haben, seinen Oberkörper anderweitig abzustützen.

Wenn du mehr Übung hast, kannst du auch den Harness, in dem dein Strap-on-Dildo steckt, ein wenig lockern, sodass du deine Hand an deinen Schoß schieben und dich beim Pegging selbst stimulieren kannst. So steigen deine Chancen auf einen Orgasmus, auch wenn du keinen Doppeldildo oder in den Harness eingepassten Vibrator benutzt.

Über eine Sache solltest du dir allerdings im Klaren sein: Es ist möglich, dass Pegging für deinen Partner großartig ist, es dir aber wenig bringt. Dann möchtest du diese Praktik vielleicht nur als Belohnung einsetzen, wenn er besonders brav und fügsam war.

Zuletzt gibt es noch eine Variante, zu der ich noch gar nichts gesagt habe: Du kannst den Strap-on-Dildo auch an einem Möbelstück oder einem anderen Gegenstand befestigen und dann deinem Partner dabei zuschauen, wie er es sich selbst damit besorgt. Unter Umständen kann das besonders erniedrigend für ihn sein.

Wie praktizierst du Queening?

Beim »Queening« benutzt du das Gesicht deines unterwürfigen Partners als Sitzfläche beziehungsweise Thron, um darauf genüsslich Platz zu nehmen. Das demonstriert deine Macht und dein Partner wird dabei zum Objekt. Gleichzeitig ist er deinem Schoß sehr nahe – vielleicht ohne ihn erreichen zu können, vielleicht mit dem Auftrag, dort mit seiner Zunge tätig zu werden. Womöglich möchtest du stattdessen, dass seine Zunge zwischen deinen Pobacken zum Einsatz kommt? Du kannst dich aber auch so auf das Gesicht deines Partners setzen, dass du ihm damit die Luftzufuhr abschnürst. Dann wird es zu einem sadistisch-masochistischen Spiel im Zusammenhang mit Atemkontrolle – ein Spiel, bei dem deutlich wird, was für ein immenses Vertrauen dein Partner in dich hat.

Diese Vielschichtigkeit des Queening zeigt bereits, dass es hier grundsätzlichen Gesprächsbedarf darüber gibt, was sich jeder von euch von dieser Praktik verspricht. Dass ihr es beide reizvoll fändet, Queening auszuprobieren, sagt recht wenig, wenn ihr dabei völlig unterschiedliche Erwartungen habt. Falls dein Partner keine besonderen Tabus in irgendeine Richtung kennt, ist es natürlich angemessen, dass du als Herrin deine Erwartungen durchsetzt.

Wie gehst du nun vor, wenn du diese Praktik ausführst? Sinnvoll ist es, deinen Hintern nicht sofort auf das Gesicht deines Partners fallen zu lassen, als wäre es ein echter Hocker. Knie dich stattdessen lieber hin, den Kopf deines Partners zwischen deinen Schenkeln. Du kannst dabei so sitzen, dass du auf die Brust deines Partners blickst, aber auch in die entgegengesetzte Richtung. Schiebe deinen Hintern dann peu à peu auf das Gesicht deines Partners. Vielleicht möchtest du einen Teil deines Gewichts anfangs noch an einer Wand oder einem Regal abstützen, um es deinem

Lover leichter zu machen. Wenn er dich lecken soll, dann bringe die entsprechende Stelle deines Körpers über seinen Mund. Du kannst deinen Partner und vor allem seine Zunge aber auch mit deinen Befehlen steuern. Findet er die richtige Stelle, die von dir gewünschte Intensität und das angemessene Tempo?

Auch leichte Änderungen dieser Stellung sind denkbar: etwa dass du in dieser Position die Arme deines Partners zwischen deinen Ober- und Unterschenkeln gefangen nimmst oder dass du, wenn du entsprechend flexibel bist, deine Beine um seinen Kopf wickelst, ihn also völlig damit umfängst. Experimentiert einfach mal ein bisschen. Wenn du mit dem Gesicht zum Körper deines Partners sitzt, kannst du dich auch vorbeugen, seinen Penis ergreifen und damit spielen.

Wichtig ist natürlich, dass dein Partner höchstens Erstickungsängste erlebt, ihm aber nicht wirklich etwas passiert. Wie soll er nun signalisieren, dass ein kritischer Moment erreicht ist? Wenn du auf ihm sitzt, kann er sich ja nicht verständlich artikulieren. Und wenn sich seine Finger in hilflosen Zuckungen in die Bettdecke krallen, hältst du es vielleicht für ein Zeichen von Ekstase. Deshalb ist es hier besonders wichtig, dass ihr unmissverständliche Signale miteinander vereinbart: etwa dass er dich in deine

Schenkel kneift. Oder dass er drei Mal mit einer Hand auf die Unterlage schlägt. Oder dass er mit seinen Beinen trommelt. All das sollte ein deutliches Zeichen für dich sein, den Guten augenblicklich wieder Luft schnappen zu lassen. Danach kannst du ihn ja immer noch dafür niedermachen, dass er so ein Weichei ist und es nicht länger aushält – falls ihr beide auf so etwas steht.

Ganz auf das Queening solltet ihr lieber verzichten, wenn dein Partner wegen einer Erkältung eine verstopfte Nase hat oder seine Atmung aus anderen gesundheitlichen Gründen ohnehin schon beeinträchtigt ist.

Wie spielst du mit dem Fußfetisch eines Mannes?

Nicht jeder unterwürfige Mann hat einen Fußfetisch, dennoch sind die Füße wohl derjenige Körperteil, der am stärksten mit dem Bild einer dominanten Frau verbunden ist. Schließlich wird die Unterwerfung eines Mannes durch kaum eine andere Szene so gut gezeigt, wie dass er vor der Frau niederkniet und ihr die Füße beziehungsweise die Schuhe küsst oder leckt. Hier scheint also ein zentrales Bedürfnis zu bestehen. Und da die Füße eine starke erogene Zone darstellen, deren Stimulierung sich auf den gesamten Körper auswirkt, solltest auch du beim Fußfetischismus auf deine Kosten kommen.

Folgende Möglichkeiten gibt es für dich, deine Füße erotisch ins Spiel zu bringen:

- Du kannst sie, wie gerade erwähnt, von deinem Partner lecken lassen. Wenn er noch nicht so weit ist, vor dir zu knien, gibt es andere Möglichkeiten, ihn zu solchen Handlungen anzuregen. Beispielsweise kannst du neben ihm liegen, deinen Kopf in Höhe seines Schoßes und deine Füße in der Nähe seines Mundes. Wenn du dich jetzt um seinen Penis kümmerst, stehen die Chancen gut, dass er sich im Gegenzug deinen Füßen widmet. (Du kannst ihm das natürlich auch einfach befehlen.) Auch wenn du auf deinem Partner reitest, wobei du ihm den Hinterkopf zuwendest, kannst du deine Füße nach hinten strecken, damit dein Partner dort tätig wird. Falls er nicht von selbst darauf kommt, kannst du ihn ermuntern, jeden Zeh einzeln zu küssen, zu lutschen und mit seiner Zunge in die Zwischenräume zu fahren. Früher oder später sollte es für ihn selbstverständlich werden, deine Füße auf diese Weise zu »reinigen« – auch wenn er schließlich vor dir kniet.

- Wenn die Unterwerfung deines Partners bereits fortgeschritten ist, kannst du ihn deine Füße natürlich auch lecken lassen, während du noch deine Schuhe trägst. Solltest du darin gerade draußen unterwegs gewesen sein, ist das zwar noch unangenehmer und demütigender – also toll –, birgt aber auch das Risiko, dass sich dein Partner eine Infektion zuzieht – also nicht so großartig.

- Sehr angenehm kann auch eine Fußmassage sein. Nimm dazu als Erstes eine Haltung ein, die für dich auch längere Zeit über bequem ist. In erster Linie solltest du hier darauf achten, dass deine Knie nicht die ganze Zeit über ausgestreckt sind, weil sie sonst steif werden könnten und vielleicht irgendwann beginnen, ein wenig wehzutun. Besser ist es, wenn du sie leicht gebeugt hast – vielleicht mit einem Kissen oder einer Nackenrolle als Unterlage. Auch für deinen Partner gibt es anstrengendere und weniger anstrengende Haltungen, aber die kann er ruhig selbst herausfinden: Du bist als seine Herrin nicht für sein absolutes Wohlbefinden verantwortlich.

- Vielleicht möchtest du, dass dein Partner Massageöl verwendet. Dann solltest du ihn anweisen, dass er es damit nicht übertreibt: Schließlich möchtest du weder, dass du bei deinen ersten Schritten mit glitschigen Sohlen ausrutschst (es ist schwierig, dominant zu wirken, während man fällt) noch dass auf deinem Teppich lustige Muster zurückbleiben. Und deine Zehen erst einölen zu lassen, um sie deinem Partner dann in den Mund zu schieben – das ist schon eine sehr spezielle Form von Sadismus.

- Um dich zu verwöhnen, kann dir dein Partner auch ein warmes Fußbad zukommen lasen – oder eine Pediküre mitsamt dem Abreiben toter oder trockener Haut, dem Einreiben einer Feuchtigkeitscreme, dem Lackieren und Trockenpusten der Fußnägel und was immer dir sonst in den Sinn kommt. Besonders herausfordernd ist es, deinen Partner den Pinsel, mit dem er deine Nägel lackiert, nur mit dem Mund führen zu lassen.

- Auch wenn ihr zusammen in der Öffentlichkeit unterwegs seid, kannst du den Fußfetisch deines Partners und deine Lust an der Herrschaft bedienen: etwa wenn ihr gemeinsam für dich Schuhe kaufen geht und du anordnest, dass dein Partner die Aufgabe übernimmt, dir einen schicken Schuh nach dem anderen überzustreifen. Wenn er im Laden über längere Zeit zu deinen Füßen kniet und dich vor den Augen anderer Kunden und der Verkäufer so bedient, kann das eine erregende Form der Erniedrigung darstellen. Eine solche Aktion ist zudem eine Form der öffentlichen Vorführung und Demütigung, bei der die Grenzen Unbeteiligter nicht übertreten werden, denn ihr bewegt euch ja noch immer in einem sozial akzeptablen Rahmen. Nur wenn ihr sicher seid, unbeobachtet zu sein, solltest du deinen Partner deine Schuhe küssen lassen oder die Sohle eines Schuhs gegen den Schoß deines Partners pressen, um ihn noch mehr zu stimulieren.

Damit wären wir bei der letzten Möglichkeit, mit dem Fußfetisch deines Partners zu spielen: dem sogenannten »Footjob«, was bedeutet, dass du deinen Lover mit deinen Füßen befriedigst. Wie tust du das am geschicktesten?

- Sorge als Erstes dafür, dass deine Fußnägel sauber geschnitten und gefeilt sind, damit du deinen Partner nicht ausgerechnet in seinem empfindlichsten Bereich damit kratzt. Außerdem sollten deine Füße natürlich keinen unangenehmen Geruch verströmen: Du kannst sie vor einem Footjob selbst gründlich reinigen oder diese Aufgabe deinem Partner überlassen. Das zusätzliche Auftragen einer Bodylotion ist nicht ganz ideal, weil sie deine Haut für die von dir geplanten Spiele zu klebrig machen kann, aber Massageöl oder zur Not sogar Oliven- und Kokosöl sind gut geeignet.

- Einer der Vorzüge eines Footjobs besteht darin, dass du hier auch im öffentlichen Raum schon das Vorspiel aufnehmen kannst, indem du etwa, wenn du deinem Partner im Restaurant gegenübersitzt, deinen Fuß unter dem Tisch in seinen Schoß legst und mit einer sanften Massage beginnst.

- Sobald ihr unter euch seid, kannst du deine Schuhe entweder selbst abstreifen oder deinen

Partner auffordern, dies so sorgsam zu übernehmen, wie das ein Sklave für seine Herrin erledigen sollte.

- Vielleicht willst du dich nicht gleich auf die Genitalien deines Partners stürzen, sondern ihn erst einmal ganz langsam, allmählich und aufreizend in Stimmung bringen, indem du mit deinem Fuß über andere Regionen seines Körpers streichst. Benutze dabei ruhig deinen gesamten Fuß statt ausschließlich der Sohle oder den Zehen.

- Nach und nach näherst du dich dann seinen Genitalien und machst dich daran, sie sehr sanft und zurückhaltend zu massieren. Dabei kannst du ein bisschen damit experimentieren, wie viel Druck du ausüben musst, damit dein Partner nicht mehr ganz so glücklich aussieht. Ob du ihn immer wieder über die Schmerzgrenze führst, hängt von deinem Sadismus und seinem Masochismus ab.

- Spiele ein wenig mit seinem Penis: beispielsweise indem du mit dem Spann deines Fußes darüberstreichst, ihn sanft von einer Seite zur anderen schlägst oder ihn zwischen deine Zehen nimmst.

- Nimm ihn dann zwischen deine Fußsohlen und befriedige deinen Partner mit derselben Auf- und Abwärtsbewegung, wie wenn du es ihm mit der Hand besorgen würdest. Wenn du magst, kannst du deine Füße dabei nach einiger Zeit auch ein wenig kreisen lassen. Da du deine Füße nicht so kontrolliert steuern kannst wie deine Hand, ist es durchaus möglich, dass der Penis hin und wieder deinem Zugriff entschlüpft. Das ist kein Grund, sich zu ärgern oder sich tollpatschig zu fühlen. Es passiert einfach.

- Dein Partner würde sich allerdings vermutlich freuen, wenn du deine Bewegungen beibehältst, sobald er im Begriff steht, zu kommen. Andernfalls ruinierst du womöglich seinen Orgasmus, er würde sich also ergießen, ohne einen Höhepunkt zu empfinden. Das kann zwar auch ein sadistisches Spiel beim Femdom darstellen – vor allem wenn du deinem Partner zum ersten

Mal nach längerer Zeit wieder einen Orgasmus gewährst. Ist es aber ungeplant, stellt es kein erfreuliches Ende eines Footjobs dar.

- Wenn dein Partner etwas empfindlicher ist, kann die Verwendung eines Gleitmittels hilfreich sein.

- Du benötigst nicht ständig beide Füße zu einem Footjob. Wenn dein Partner erst einmal ausreichend erregt ist, kannst du seinen Penis auch mit einem Fuß weiterreiben, während du den anderen deinem Partner zum Küssen vor die Lippen hältst oder damit seinen Damm reibst und dadurch seine Prostata von außen stimulierst.

- Du kannst einen Footjob auch durchführen, wenn du noch deine Schuhe trägst. Dann sollte es sich allerdings um Schuhe aus einem weichen Material halten und du musst mit der Heftigkeit und dem Druck vorsichtiger sein, um deinem Partner keine unbeabsichtigten Schmerzen zuzufügen.

- Und denk dran: Wenn sich dein Partner auf deine Füße oder Schuhe ergießt, kannst du durchaus von ihm verlangen, dass er sein Sperma danach aufleckt.

Theoretisch ist damit alles Notwendige erklärt. Wenn du diese Aktion allerdings praktisch durchführst, dürftest du feststellen, dass die Muskeln deiner Beine schnell müde werden, während dein Partner noch keinerlei Anzeichen zeigt, zu kommen. Das Ganze wird für dich bald unangenehm – und das, obwohl eine goldene Regel des Femdoms lautet, dass einer Herrin die Ausübung ihrer Herrschaft immer sehr angenehm sein sollte. Was tun?

Die einfachste Lösung besteht darin, eine Position zu wählen, die dir allzu große Anstrengungen erspart. Beispielsweise könntest du dich auf den Rücken legen, deinem Partner befehlen, deine Beine so in die Höhe zu halten, dass sich deine Füße direkt an seinem Schoß befinden, und ihn dann sämtliche Arbeit allein erledigen zu lassen, also selbstständig deine Füße zu ficken. Statt ihn deine Beine halten zu lassen, kannst du sie auch auf einem Polster ablegen, das die passende Höhe hat.

Eine Alternative dazu: Du liegst auf dem Bauch im Bett und deine Knie befinden sich am Rand der Matratze. Dann hebst du die Beine. Dein Partner steht hinter dem Bett, ergreift deine Füße und schiebt seinen Penis in den Zwischenraum, um sich selbst zu befriedigen. Du könntest also sogar in deinem Smartphone oder einer Zeitschrift lesen, bis er kommt.

Wenig Anstrengung sollte es dich auch kosten, wenn du am Rand des Bettes sitzt und dein Partner davor auf dem Fußboden liegt. In dieser Position brauchst du deine Beine nicht in die Höhe zu halten, während du den Penis deines Partners stimulierst.

Mit ein wenig Übung sollte es dir auch gelingen, dich von deinem vor dir knienden Partner lecken zu lassen, während du seinen Penis mit deinen Füßen umfangen hältst und ihn lediglich mit leichten Bewegungen deiner Knöchel zum Höhepunkt bringst.

Wie praktizierst du Trampling?

Für viele unterwürfige Fußfetischisten heißt es: Das Schönste, was Füße tun können, ist trampeln – beziehungsweise »trampling«, wie es in der Szenesprache heißt. Dabei geht es darum, dass du den Körper deines Partners mit deinen Füßen belastest, indem du dich darauf stellst oder darauf herumschreitest.

Auch in diesem Fall mag man sich wundern, warum Männer auf so etwas stehen: Schließlich gefällt es kaum einer Frau, wenn ein Mann auf ihr herumspaziert. Der Grund für dieses Faible dürfte schlicht darin liegen, dass jede Form von Fußfetischismus eher Männer anspricht, da weibliche Füße nun mal graziler und insofern meist schöner anzusehen sind. Dabei geht der Fuß- oft in einen Schuhfetischismus über: Den Absatz eines Pumps lutschen zu müssen, der in der nächsten Minute schmerzhaft über den eigenen Bauch marschiert, kann einem Mann, der auch nur ein wenig masochistisch ist, durchaus einen Kick verschaffen. Ähnlich erregend finden es viele unterwürfige Männer, wenn sie von einer Frau völlig zum Objekt gemacht werden, indem sie gleichgültig auf ihnen herumschlendert oder ihre Füße auch nur auf ihnen abstellt, während sie telefoniert, fernsieht oder andere Dinge tut, die sie offenbar weitaus interessanter findet. Beim Trampling wird der Mann praktisch zum Teppich, was seine Minderwertigkeit sehr deutlich macht. Nur wenn sich seine Herrin zu langweilen beginnt und gern etwas mehr Unterhaltung möchte, bohrt sie ihren Absatz vielleicht besonders tief ins Fleisch ihres »Sklaven«, um ihn zum schmerzerfüllten Aufstöhnen zu bringen.

Diese zur Schau getragene Gleichgültigkeit gegenüber deinem Partner kannst du dir allerdings erst leisten, wenn du das Trampling sicher beherrschst. Du kannst nicht von Anfang an Lässigkeit zur Schau tragen, wie du es gern hättest, sondern musst dir das erst verdienen, indem du in der Anfangsphase besonders vorsichtig bist, um deinen Partner nicht zu verletzen.

Deshalb beginnst du hier wie bei vielen anderen Aktionen am besten mit der leichtesten und harmlosesten Variante: Dein Partner liegt dann nicht auf dem harten Fußboden, sondern zum Beispiel auf der Matratze deines Bettes, die Belastungen abfedert, weil sie nachgibt.

Du trägst auch nicht gleich Pumps mit einem Bleistiftabsatz oder Militärstiefel, sondern bist barfuß. Das ist angenehmer für deinen Partner, erlaubt dir, besser zu fühlen, wo du hintrittst, hilft dir, die Balance zu behalten, und stellt sicher, dass sich dein Absatz nicht versehentlich in eine Stelle bohrt, wo er echten Schaden anrichten kann.

Um deinen Partner nicht gleich mit deinem vollen Gewicht zu belasten, kannst du dich auch hier anfangs an der Wand oder einem Regal abstützen. Solche Stützen, gern auch ein stabiler Stuhl oder ein Handlauf, empfehlen sich auch, wenn du schon mehr Übung hast – nicht nur, um die Belastung durch dein Gewicht zu reduzieren, sondern vor allem, damit du leichter Balance halten kannst. Wenn du beim Trampling ständig umknickst, siehst du nicht sehr souverän aus.

Du beginnst das Trampling am besten auf dem Rumpf deines Partners, was die sicherste Zone ist. Belaste diesen Bereich und beobachte, wie gut dein Partner damit zurechtkommt. Wenn alles okay ist, verlagere ganz allmählich dein Gewicht.

Eine noch sicherere Alternative besteht darin, dass du auf einem Stuhl, dem Sofa oder dem Bett sitzt und dein Partner ausgestreckt vor dir liegt. Stelle deine Füße dann auf ihn und belaste ihn immer mehr. So vorzugehen empfiehlt sich besonders, wenn du deine Füße zum ersten Mal auf empfindlichere Körperstellen wie das Gesicht, den Hals, den Schoß oder die Hände setzen möchtest.

Diese Stellen solltest du auch später niemals mit deinem vollen Gewicht belasten. Einen Fuß dorthin zu stellen und ihn vielleicht ein bisschen zu reiben und zu drehen, während dein Standbein neben dem Körper deines Partners ruht, genügt vollauf, um einen unterwürfigen Mann in Stimmung zu bringen. Wenn du zu hoch ins Risiko gehst, könnte das deinen Partner sogar von seiner Erregung ablenken, weil er sich Sorgen machen muss, ob auch alles gut geht.

Bereiche, auf die du niemals steigen solltest, sind der Magen, die Hüften, die Nieren, das Rückgrat, das Steißbein, die Kniescheiben und die Knöchel.

Wenn ihr das Risiko anfangs noch weiter senken möchtet, kann sich dein Partner auch unter eine Matratze oder eine ähnliche Unterlage schieben, über die du dann spazierst. Hierbei würde sich dein Gewicht besonders gut verteilen. Allerdings kommt es dabei zu keinem Kontakt zwischen deinen Fuß- oder Schuhsohlen und dem Körper deines Partners, wodurch für viele Menschen ein Großteil des Reizes verloren geht, den Trampling für sie ausmacht.

Worauf solltest du bei einer »goldenen Dusche« achten?

Wenn du deinem Partner eine sogenannte »goldene Dusche« zukommen lässt, bedeutet das nichts anderes, als dass du auf ihn herabpinkelst: eine Aktion, die deine Macht über ihn und seine Demütigung besonders deutlich macht. Manche unterwürfige Männer sind auf diese intensive Erfahrung dermaßen heiß, dass sie den »Natursekt« ihrer Herrin als eine Form von Belohnung empfinden.

Wie bei anderen recht weit gehenden Techniken

der erotischen Herrschaft empfehle ich auch hier, dass du dich ihr schrittweise näherst. Beispielsweise könntest du zuerst mal allein unter der Dusche Wasser lassen. Wenn du das schon als eklig empfindest oder beim Ausprobieren feststellst, dass du zu starke Hemmungen hast, wären solche Aktionen sicher nichts für dich. Als Nächstes kannst du deinen Partner dabei zuschauen lassen, wenn du pinkelst, und dich schließlich auf seinen Körper erleichtern, wenn ihr gemeinsam unter der Dusche steht.

Irgendwann seid ihr vielleicht so weit, dass dein Partner in einer Wanne liegen kann, während du auf ihn niederpisst. Dabei dürftest du schnell merken, dass es schwer ist, deinen Strahl dorthin zu lenken, wo du ihn gern hättest. Auch aus diesem Grund sind für diese Praktik zwar auch andere Orte als eine Wanne vorstellbar, aber irgendeine Form von Abfluss, massenhaft saugfähige Unterlagen oder eine großflächige Folie sind schon sinnvoll. Ein Badehandtuch ist zu wenig – und einen Parkettfußboden oder gar euer Bett für solche Aktionen zu benutzen, wäre eine ganz schlechte Idee.

Außerdem solltet ihr wirklich alles gründlich miteinander besprochen haben, bevor ihr zur Tat schreitet. Wenn dein Partner zum Beispiel nicht möchte, dass der Urin auch in seinem Mund oder seinen Haaren landet, wäre es ungünstig, wenn er dir das erst mitteilen würde, während dein Strahl schon fröhlich auf ihn einplätschert.

Wie sieht es eigentlich gesundheitlich aus, wenn du absichtlich oder aus Versehen in den Mund deines Partners pisst? Nun, eine Katastrophe ist es zwar nicht, zur Gewohnheit solltet ihr es aber auch nicht werden lassen. Urin ist nicht so hundertprozentig steril, wie manche behaupten, sondern enthält auch Bakterien, die man eher nicht schlucken oder anderweitig aufnehmen sollte. Insbesondere wenn du an einer Infektion der Harnwege leidest, könntest du Keime auf deinen Partner übertragen. Deshalb ist es auch sinnvoll, dass du deinen Strahl von etwaigen Verletzungen, Kratzern und Blessuren fernhältst. So viel Zielgenauigkeit sollte schon drin sein.

Eine andere Frage ist die des Geschmacks. Wirklich sadistisch wäre es, wenn du vor dem gemeinsamen Wassersport mit deinem Partner größere Mengen von Kaffee oder Bier und sonst nichts getrunken hättest. Danach schmeckt dein Urin nicht nur bitter, sondern riecht auch ausgesprochen unangenehm. Ebenso verzichten solltest du auf Spargel, Kohl und Knoblauch. Leichter zu ertragen wird eine goldene

Dusche für deinen Partner, wenn du vorher große Mengen klaren Wassers getrunken sowie Ananas und Erdbeeren gegessen hast. Das zumindest behaupten die Feinschmecker unter den Natursekt-Liebhabern.

Wie folterst du die Genitalien deines Partners?

Da eine Frau kaum nachempfinden kann, wie es sich für einen Mann anfühlt, in die Hoden getreten zu werden, kann es auch bei dieser Praktik zu Überreaktionen in beide Richtungen kommen: Während die eine Frau vielleicht allzu unbekümmert zutritt, ahnt die andere zumindest, dass die Schmerzen danach grässlich sein müssen, und lässt solche Aktionen lieber von Anfang an bleiben. Sie versteht auch nicht, warum es viele Männer als anregend empfinden, wenn man ihre Genitalien foltert, und warum manche es sogar mögen, wenn ihnen eine dominante Frau wuchtvoll in die Weichteile tritt, boxt oder ihr Knie hineinrammt.

Ja, warum ist das eigentlich so?

Hier läuft ein ähnlicher Effekt ab wie bei vergleichbaren Aktionen auch: Männer wissen, wie empfindlich ihre Intimregionen sind, weshalb sie erotische Gewalt in diesem Bereich besonders verwundbar macht und sie ein besonders starkes Gefühl der Machtlosigkeit spüren lässt. Eine Frau, die in diesem Bereich handgreiflich wird, wirkt auf diese Männer besonders machtvoll, und die Angst, die man vor ihrer nächsten Attacke empfindet, wird in sexuelle Erregung umgewandelt. Masochisten genießen darüber hinaus die Endorphinschübe, die durch entsprechende Handlungen ausgelöst werden – in seltenen Fällen können solche Gewalttaten sogar einen Orgasmus auslösen. Sind die Aktionen weniger brutal, nehmen manche Männer sie auch eher als genüsslich denn als peinigend wahr.

Nun handelt es sich bei dem Buch, das du gerade liest, um einen Ratgeber, der vor allem für Anfängerinnen gedacht ist. Und wenn du als Anfängerin fragen würdest: »Wie trete ich einem Mann am vergnüglichsten in die Eier?«, müsste ich antworten: »am besten gar nicht.« Die Hoden sind von einem Teil des Bauchfells umgeben: eine dünne, von einem dichten Nervengeflecht durchzogene Haut, die hoch schmerzempfindlich ist. Entsprechend vorsichtig sollte man damit umgehen. Ich kenne Dominas, die das sogenannte »Ballbusting« beherrschen, aber ein Buch wie dieses hier sollte sanftere Methoden der Genitalfolter vorstellen. Erst wenn du diese Techniken beherrschst, kannst du dir überlegen, noch drastischer zu werden.

Bis dahin stehen dir eine ganze Reihe von Möglichkeiten der etwas behutsameren Genitalfolter zur Verfügung.

Beginnen wir mit Spielen, bei denen du die Hoden als Zielscheibe nimmst:

- Wickle Schnürsenkel um die Hoden deines Partners und ziehe sie immer strammer zusammen. Lass sie aber nicht zu lange in dieser speziellen Form der Fesselung, weil du damit auch den Blutzufluss unterbindest.

- Fahre mit deinen Fingernägeln über die abgeschnürten Hoden.

- Umfasse die Hoden deines Partners mit deiner Hand und ziehe sie etwas herab, um sie besser umfassen zu können. Quetsche sie dann, beginnend mit sanftem Druck und dann immer stärker, bis dein Partner ein gepeinigtes Gesicht macht. Auch wenn du sie leicht gegeneinander reibst, kannst du starke Empfindungen auslösen, die durch seinen Unterkörper wandern. Aber übertreibe es nicht. Bei der Recherche für diesen Ratgeber bin ich auch auf einen – allerdings sehr seltenen und extremen – Fall gestoßen, bei dem ein zu starkes Pressen der Hoden zu einem tödlichen neurogenen Schock führte.

- Lasse das Wachs einer brennenden Kerze auf die Hoden deines Lovers tropfen. Je näher du die Kerze an die Hoden bringst, desto schmerzhafter wird es. Umgekehrt ist ab einem gewissen Abstand nur noch ein heißes Prickeln zu spüren. Nimm lieber Paraffinwachs als Bienenwachs, denn Bienenwachs kann sehr heiß werden und äußerst unangenehme Brandblasen erzeugen. Weiße Kerzen schmelzen bei niedrigeren Temperaturen als farbige.

- Am besten beginnst du damit, die Kerze nur ganz kurz in die Schräge zu bringen, um lediglich einzelne Tropfen auftreffen zu lassen.

- Unter Umständen findest du es nach dieser Aktion auch amüsant, dabei zuzusehen, wie sich dein Partner selbst quälen muss, um das Wachs aus seinen Schamhaaren zu zupfen. Wenn du ihm diese Tortur ersparen möchtest, kannst du seinen Hodensack vorher rasieren, andererseits wird er dadurch noch empfindlicher. Manche Frauen bedecken die Hoden ihres Partners auch komplett mit Wachs, lassen es trocknen und quetschen die Hoden dann einmal kurz und kräftig, um das erkaltete Wachs aufzubrechen und es dann abzuschälen.

- Zwicke die Hoden deines Partners mit deinen Fingernägeln.

- Schnipse mit deinen Fingern dagegen. Das macht besonders viel Spaß, wenn sie mit einem Schuhband abgeschnürt sind (siehe oben).

- Schlage sie mit der flachen Hand, sodass sie von einer Seite zur anderen fliegen.

- Schlage leicht mit einem Holzlöffel dagegen. Wenn du das lange genug wiederholst, entwickelt sich das Gefühl, das du dadurch hervorrufst, von milde irritierend bis zunehmend schmerzhaft.

- Schreibe mit einem Kuli auf dem Hodensack. Je nachdem, wie viel Druck du einsetzt, variieren die Empfindungen, die du damit auslöst.

- Setze Wäscheklammern an die Hoden: Je kleiner sie sind und je fester sie zubeißen, desto fieser wird der Schmerz – auch wenn du sie am Hodensack deines Lovers sitzen lässt und gelegentlich mit dem Finger anschnippst … und erst recht, wenn du sie wieder entfernst. Es empfiehlt sich, die Klammern vor ihrer Verwendung in warmem Seifenwasser zu waschen und mit Alkohol zu desinfizieren.

- Reiße mit einer Pinzette in aller Gemütsruhe ein Härchen des Hodensacks nach dem anderen aus. Dein Partner hat dabei mit weit gespreizten Beinen ruhig liegen zu bleiben.

- Tauche die Hoden deines Partners in Eiswasser oder lege Eiswürfel darauf.

Mit folgenden Techniken kannst du dem Penis deines Partners zusetzen:

- Fahre mit deinen Fingernägeln über den prallen Penis.

- Reibe ihn mit einer Zahnbürste oder, wenn dein Lover das gut übersteht, mit einer anderen, größeren und raueren Bürste.

- Fülle das Ende eines Kondoms mit einem Eiswürfel und ziehe den Pariser dann über den Penis deines Partners.

- Beiße in den Penis, anfangs lieber etwas sanfter. Versuche, die Empfindungen, die du dabei auslöst, etwas zu verändern, indem du vorher etwas Kaltes oder Heißes trinkst.

- Umwickle den prallen Penis deines Partners mit einem deiner Halstücher oder Strümpfe und »poliere« den Penis dann, indem du abwechselnd und schnell hintereinander an beiden Enden des Strumpfs oder Halstuchs ziehst.

- Peitsche den Penis aus. Auch hierfür kannst du Schnürsenkel verwenden: Wenn du mehrere davon zusammenbindest, hast du schnell eine provisorische Peitsche gebastelt. Schlag aber nicht zu hart zu, sondern halte dein Ungestüm ein wenig zurück.

- Versohle den Penis mit einem Essstäbchen aus dem China-Restaurant.

- Schlage den Penis mit der flachen Hand. Versuche dabei, nur die Wurzel zu treffen, um einen Gewebeschaden zu vermeiden. Triffst du nur die Wurzel, kannst du zwar Blutergüsse erzeugen, die sehr schnell in Form von dunkellila Bläschen sichtbar werden, aber diese verschwinden nach mehreren Tagen von selbst. Nur wenn dein Partner Diabetiker ist, solltest du seinen Penis generell von Schlägen verschonen.

- Umwickle den noch schlaffen Penis mit einer Kordel, einer Mullbinde oder mit Paketband. So kannst du eine Erektion entweder unterbinden oder schmerzhaft machen.

- Streife so viele Kondome wie möglich über den Penis deines Partners. Insbesondere, wenn sie nicht besonders feucht sind, wird das schnell unangenehm. Und wenn du dich von einem Mann vögeln lässt, auf dessen Penis du mehrere Kondome gezogen hast, spürt er so gut wie nichts dabei. Das kann durchaus eine reizvolle

Erfahrung sein – vor allem wenn du ihm vorher längere Zeit einen Orgasmus verboten hast und er jetzt eigentlich gern die Gelegenheit genutzt hätte.

- Du kannst den Penis auch mit einer Substanz bestreichen, die das Gefühl starker Hitze erzeugt, also beispielsweise Rheumasalbe, Tigerbalsam oder Mentholzahncreme. Das Problem hierbei ist, dass es sich um ein sogenanntes »Tunnelspiel« handelt: Es kann nicht einfach abgebrochen werden. Selbst wenn die ausgelösten Empfindungen deinem Lover allzu unangenehm werden, kann er auch mit einem Safeword das Spiel nicht einfach abbrechen, sondern muss bis zum Ende durch den Tunnel durch, also abwarten, bis die Empfindungen abgeklungen sind, die du mit der entsprechenden Substanz bei ihm ausgelöst hast. Das legt nahe, dass du anfangs vielleicht nur eine geringe Menge als Test verwenden solltest. Andernfalls bringst du deinen Partner im ungünstigsten Fall zwar ganz schön zum Tanzen, aber der Abend ist dann erst mal gelaufen.

Grundsätzlich ist es bei der Genitalfolter ebenso ratsam wie bei anderen SM-Praktiken, dass du langsam anfängst, dir Zeit lässt und erst einmal beobachtest, wie viel dein Partner aushält. So vermeidest du, dass es zu Rissen im Gewebe oder anderen unschönen Entwicklungen kommt. Das Reißen an Genitalien oder ein Verdrehen solltest du grundsätzlich vermeiden, um keine Bänder oder Blutgefäße zu beschädigen. Ein Sexsklave mit anhaltenden Erektionsstörungen nützt dir auch nicht mehr.

Alarmsignale sind Schmerzen, die über den malträtierten Bereich hinausgehen oder noch längere Zeit nach eurem Spiel fortbestehen sowie andere auffällige Veränderungen. In solchen Fällen ist ein Arztbesuch angebracht.

Wie beherrschst du einen Mann als Finanz-Domina?

Zuletzt soll es in diesem Ratgeber um eine Form der Dominanz gehen, die einer Frau ein goldenes Leben ermöglichen kann und zugleich von erstaunlich vielen Männern nachgefragt wird: die finanzielle Dominanz.

Dabei geht es darum, dass ein unterwürfiger Mann einer Frau Geld schenkt, ohne dass sie irgendetwas dafür zu tun braucht. Gerade dass sie nichts dafür tut, macht für einen solchen Mann den Kick aus. Diesen Kick kann eine Frau durch Demütigungen verstärken, etwa dass sie dem betreffenden Mann abfällige Bezeichnungen wie »Zahlschwein« oder »menschlicher Bankautomat« gibt, dass sie ihn für seine »Dummheit« auslacht oder dass sie so viel von ihm verlangt, dass er selbst auf immer mehr eigentlich notwendige Dinge verzichten muss.

Und dafür musst du wirklich nichts machen? Das kommt darauf an.

So bin ich privat mit einer Frau mit einem bürgerlichen Beruf befreundet, die, vermutlich weil sie sehr attraktiv ist, von einem Mann gebeten wurde, ihn als Zahlsklaven anzunehmen. Seit ihrer Einwilligung überweist er ihr monatlich einen nicht gerade geringen Betrag, ohne dass das für sie mit irgendeinem Aufwand verbunden wäre. Es gibt auch Websites von Dominas, die sich dafür bezahlen lassen, dass man sie anrufen darf, wobei sie den Anruf nur annehmen, den Anrufer dann aber ignorieren und mit dem weitermachen, was sie gerade tun.

Andererseits bin ich bei der Recherche für diesen Ratgeber auch auf den Bericht einer dominanten Frau gestoßen, die von ihrem Zahlsklaven rund um die

Uhr mit Mails und Anrufen behelligt wurde, in denen er wechselweise um mehr Geld bettelte und die Dame lobte, weil sie streng blieb, statt großzügig zu sein. Wenn man es mit einem derart betreuungsintensiven Mann zu tun hat und sich auf dieses Verhalten einlässt, hat man das eingenommene Geld letztlich schwer verdient.

Warum tun unterwürfige Männer überhaupt so etwas offensichtlich Widersinniges, wie Geld für nichts aus dem Fenster zu werfen? Nun ja: Zum einen weil das ihr Bedürfnis nach Demütigung und Bestrafung befriedigt. Geld ist in unserer Gesellschaft Machtfaktor und Männlichkeitssymbol zugleich, muss hart erarbeitet werden und macht das Leben angenehmer. Es einfach so aufzugeben, ist also schmerzhaft, stellt einen Kontrollverlust dar und man fühlt sich dabei besonders jämmerlich. Dazu kommt, dass wir ohnehin in einer Gesellschaft leben, die von Männern erwartet, einer begehrten Frau teure Geschenke zu machen, ihnen für ihre bloße Anwesenheit im Restaurant das Essen zu bezahlen und dergleichen mehr. Viele Männer empfinden diese soziale Verpflichtung als unangenehm, vor allem wenn sie mit einer Frustration ihres Begehrens endet. Finanzielle Dominanz wandelt dieses Gefühl in sexuelle Erregung um.

Wenn dich die Rolle der Finanz-Domina reizt, wäre es zum Beispiel vorstellbar, dass du komplett das Konto deines Partners übernimmst und ihm nur ein kleines Taschengeld nach deinem eigenen Ermessen erlaubst. Das bedeutet, dass er nur das Nötigste zum Leben hat und sich zum Beispiel von altem Brot ernähren muss, während du es dir gut gehen lässt. Wenn immer er mehr Geld benötigt, als ihm von dir zugeteilt wurde, muss er dich dafür erst lange anbetteln.

Reizvoll kann auch das Szenario einer Erpressung sein, wobei du von deinem Partner immer wieder bestimmte Summen verlangst, damit du ihn von irgendeinem Übel verschonst. Beispielsweise könntest du extrem peinliche Fotos von deinem Partner aufnehmen und ihm drohen, sie in den sozialen Medien zu veröffentlichen, oder er kann dir etwas anvertrauen, von dem er nicht möchte, dass du es anderen weitererzählst. Solche Spiele solltet ihr vorher allerdings gründlich durchsprechen und dein Partner sollte immer die Möglichkeit haben, das Spiel zu beenden, wenn er keine Lust mehr darauf hat. Schließlich soll daraus ja keine echte Erpressung werden.

Als Finanz-Domina kannst du von deinem Partner auch für jedes »Fehlverhalten« – zum Beispiel

Zögern beim Ausführen deiner Befehle oder gar Widerworte – eine bestimmte Strafzahlung verlangen. Seine finanzielle Beherrschung hätte dann einen wünschenswerten pädagogischen Effekt. Wenn du deinen Partner keusch hältst, kannst du ihn auch für jeden seiner »ausnahmsweise« gewährten Orgasmen teuer bezahlen lassen – oder auch schon für jede Bitte darum, ob du sie gewährst oder nicht.

Einer der erfreulichen Aspekte an der finanziellen Dominanz ist, dass du dafür keinen festen Partner benötigst. Du kannst dir sogar mehrere »Zahlsklaven« parallel halten. Und auch diese Form der Herrschaft ist mit anderen Formen der Dominanz gut kombinierbar. Beim Cuckolding etwa bietet es sich besonders an, mit einem Mann in den Urlaub zu fahren oder ein Hotelzimmer für eine Nacht zu nehmen und sich das von einem anderen Mann bezahlen zu lassen.

Insgesamt hoffe ich, dass du mit diesem Ratgeber Einblick in ein breites Spektrum an Möglichkeiten erhalten kannst, um einen Mann an der Kandare zu halten. Ich wünsche dir, dass du damit dir selbst und auch jedem Mann, mit dem du diese Ideen verwirklichen möchtest, große Lust verschaffen wirst.

Leseprobe: Arne Hoffmann

Der Gepeinigte Ehemann

Frustriert löste ich mich von Juliana und rollte auf meine Seite des Bettes hinüber.

»Es tut mir wirklich leid«, sagte sie und seufzte.

»Dir braucht nichts leidzutun«, sagte ich. Aber es gelang mir wohl nicht, einen bitteren Unterton in meiner Stimme zu unterdrücken. »Anscheinend schaffe ich es nicht mehr, dich zum Orgasmus bringen.«

»Das hat nichts mit dir zu tun«, versicherte mir Juliana. »Es kommt oft vor, dass es bei einem Paar im Bett nicht mehr so richtig läuft, wenn sie mal eine Zeit lang zusammen sind.«

Ich atmete tief durch. »Ja, das habe ich auch schon gehört. Aber trotzdem … Irgendwie komme ich mir wie ein Versager vor.«

»Wenigstens bist du gekommen«, erwiderte Juliana, doch obwohl sie diese Worte sanft sagte und damit bestimmt keinen Vorwurf verband, zeigten sie, wie unfair die ganze Sache für Juliana war. Ja, ich war gekommen. Mein Orgasmus war nicht davon beeinträchtigt, dass meine Frau und ich jetzt schon fünf Jahre zusammen waren. Aber wenn ich mir Juliana so ansah, wunderte mich das nicht. Sie war einfach atemberaubend heiß, wie sie mit ihrem Traumkörper nackt neben mir in den Laken lag. Dieser Anblick war immer wieder von Neuem erregend für mich. Obwohl ich gerade meinen Orgasmus gehabt hatte und mein Schwanz längst noch nicht wieder einsatzfähig war, hätte ich gut Lust gehabt, dieses Mädchen gleich noch einmal zu besteigen.

Aber vermutlich hätte auch das Juliana ihrem eigenen Höhepunkt nicht näher gebracht. Wir hatten in dieser Hinsicht ja schon die unterschiedlichsten Dinge versucht. Offenbar machte ich sie inzwischen einfach nicht mehr so heiß, wie es ihr bei mir noch immer problemlos gelang. Schließlich würde bei mir auch niemand je von einem Traumkörper sprechen.

»Wenn du dich jetzt selbst zum Orgasmus bringen möchtest, schaue ich dir gern dabei zu«, bot ich ihr etwas hilflos an.

Aber Juliana schüttelte den Kopf. »Nein, das würde jetzt auch nichts bringen.« Sie seufzte noch einmal. »Weißt du, wir bräuchten etwas völlig Neues – etwas, das heiß und gewagt und ausgefallen ist und deshalb wieder ganz neuen Pep in unsere Beziehung bringt.« Es sah so aus, als würde ihr in dieser Hinsicht bereits etwas vorschweben.

»Woran denkst du?«

Sie sah mich mit ihrem ganz speziellen Blick an, der bei mir jedes Mal eine Gänsehaut erzeugte, und sagte: »Okay, ich gebe zu, ich hätte schon eine Idee. Eine erotische Fantasie, mit der ich mich schon seit einiger Zeit beschäftige, über die ich aber nie mit dir gesprochen habe.«

Das machte mich neugierig. »Welche denn?«

»Ich will nicht, dass du mich für pervers hältst. Versprichst du mir, dass du nicht total angeekelt bist, wenn ich dir davon erzähle?«

Ich nickte ihr aufmunternd zu. »Es ist ja nur eine erotische Fantasie. Ich verspreche dir, dass ich mich zusammennehme.« Ich lächelte ein wenig amüsiert. Was sollte von meiner Frau schon so Verdorbenes kommen?

»Okay«, sagte Juliana. »Weißt du, ich fände es total scharf, wenn ich dir so wie jetzt in die Augen sehen könnte, während mich ein anderer Kerl so richtig durchfickt. Und dass du mir sagst, wie sehr du mich liebst, während er in mir kommt. Könnten wir das nicht mal ausprobieren?«

***

Diese Idee war für mich mehr als gewöhnungsbedürftig.

Es kostete mich einige Zeit, bis ich damit klarkam, dass Julianas erotische Träume in diese Richtung gingen. Zwar wollte ich ihr deswegen keine Szene machen. Aber diese Offenbarung machte den Sex zwischen uns auch nicht gerade leichter. Im Gegenteil. Während der nächsten Male, bei denen ich Juliana danach vögelte – wobei ich mit wachsender Verzweiflung versuchte, sie zum Orgasmus zu bringen – ging mir einfach nicht aus dem Kopf, wovon sie in Wirklichkeit träumte.

Nachdem sie darüber gesprochen hatte, stand Julianas Fantasie plötzlich zwischen uns. »Hast du denn an irgendjemand Bestimmten gedacht?«, wollte ich wissen. »Jemand, den wir beide kennen?« Dabei gab ich mir alle Mühe, nicht eifersüchtig oder allzu besorgt zu klingen, sondern gelassen und souverän. Vermutlich war auch das ein Versuch, der von Anfang an zum Scheitern verurteilt war.

»Nein, nein, keine Sorge«, versuchte Juliana, mich zu beruhigen. »Ich dachte halt generell an einen muskulösen, breitschultrigen, gut gebauten Mann. Kein bestimmter. So einer, der eine Frau halt automatisch heißmacht.«

Mit anderen Worten: jemand, der ganz anders aussah als ich.

Vermutlich merkte Juliana, dass ich anfing, mich zweitklassig zu fühlen, denn sie redete in fast beschwörendem Tonfall auf mich ein. »Dabei ginge es nur um Sex, reinen Sex!«, beteuerte sie. »Mit meinen anderen Gefühlen für dich hat das überhaupt nichts zu tun.«

Je mehr Tage vergingen, desto klarer wurde mir, dass dieses Problem nicht von selbst verschwinden würde. Stattdessen sah es so aus, als wäre es am besten, zu versuchen, diese verrückte Idee doch einmal in die Tat umzusetzen.

Allzu wohl fühlte ich mich dabei allerdings nicht.

***

»Wo willst du überhaupt so einen Typen herbekommen?«, fragte ich irgendwann in dem halbherzigen Versuch, Juliana diese Idee doch noch auszureden. »Du kannst ja schlecht irgendwelche Kerle, mit denen du privat oder beruflich zu tun hast, fragen, ob sie dich einmal ficken wollen, während dein Mann dabei zuschaut.«

Juliana schüttelte den Kopf. »Nein, das wäre natürlich Quatsch. Aber im Internet gibt es genug Websites für Leute, die sexuelle Abenteuer suchen. Vielleicht schauen wir einfach mal ein bisschen rum, wer da infrage kommen könnte.«

Jetzt bereute ich es, dass ich diese Bemerkung gemacht hatte. Denn damit waren wir inzwischen von der Phase des reinen Fantasierens zum Planen übergegangen – wobei, wenn ich »wir«, sage, eigentlich Juliana meine. Ich war zwar anfangs dabei, als sie mit dem Laptop in unserer Küche saß und sich durch verschiedene Websites klickte, wobei sie ab und zu Kommentare abgab wie »Schau dir den mal an, der sieht doch echt scharf aus, oder?« Sie konnte mich aber nicht wirklich dafür begeistern, auch noch bei der Suche nach einem anderen Mann mitzuwirken. Ich ließ Juliana einfach machen.

Vermutlich tat ich das auch nur, weil ich den Eindruck hatte, nichts mehr verlieren zu können. Juliana behauptete zwar nach wie vor, dass sie mich liebte, aber das allein würde für unsere Beziehung auf Dauer nicht ausreichen. Juliana war eine Frau, für die Sex in der Partnerschaft sehr wichtig war. Wenn sie im Bett nicht auf ihre Kosten kam, übertrug sich diese mangelnde Befriedigung auch in andere Bereiche unserer Beziehung. Vermutlich sagte ich mir deshalb: Wenn du es ihr schon nicht mehr richtig besorgen kannst, dann steh wenigstens nicht dabei im Weg, wenn sie nach einer anderen Lösung Ausschau hält. ...

Um diese heiße Story (28 Seiten) von Arne Hoffmann weiter zu lesen, füllen Sie einfach die beiliegende Postkarte aus oder geben Sie folgenden Code

AH10TBMPBD

im Internet auf www.lebe.jetzt ein.

Weitere erotische Ratgeber

Arne Hoffmann
Die ersten Schritte SM

»Die ersten Schritte SM« richtet sich an absolute Neulinge in der Kunst der erotischen Unterwerfung. Wenn du noch nichts oder nur wenig über solche Praktiken weißt und Fragen hast, dann liegst du mit diesem Ratgeber genau richtig. Schritt für Schritt führt er dich in eine ebenso faszinierende wie erregende Welt. Er zeigt dir, wie du am besten vorgehst, damit SM-Spiele für dich und deinen Partner eine großartige Erfahrung werden, die euch beide glücklich macht.
Neben vielen Informationen und Tipps findest du auch einen Neigungsfragebogen für SM-Spiele, der dir und deinem Partner hilft, eure Wünsche auf einen Nenner zu bringen.

Herzliche Grüße, Arne Hoffmann

Arne Hoffmann
Dominanz

Wie gehst du am besten vor, wenn du deinen Partner zu deinem Sklaven machen möchtest? Mit welchen Techniken wirkst du auf erregende Weise dominant? Wie kannst du deinen Partner am raffiniertesten demütigen und bestrafen? Und worauf musst du achten, um ungewollte Schäden zu vermeiden?
Die Antworten auf all diese Fragen findest du in diesem Buch – und viele Ideen für fantasievolle Erniedrigungen gibt es dazu. So lernst du Schritt für Schritt die Kunst der erotischen Herrschaft und gestaltest aus der Unterwerfung deines Partners ein erregendes Erlebnis für euch beide.

Herzliche Grüße, Arne Hoffmann

Verwendete Literatur

Die folgenden Texte habe ich zurate gezogen, um dieses Buch zu schreiben. Dabei habe ich auf Fußnoten verzichtet, damit dieser Ratgeber nicht wie eine wissenschaftliche Arbeit aussieht und weil oft viele verschiedene Quellen dieselben Informationen enthalten. Oft verrät aber schon der Titel der hier aufgeführten Quelle, für welche Passage dieses Buches sie eine der Grundlagen war.

- 3somes: Cuckolding Beginners Guide For Her: Surviving the First Date. Online unter: https://3somes.wordpress.com/2014/09/20/cuckolding-beginners-guide-for-her-surviving-the-first-date
- Adriana: 33 Wild Femdom Ideas to Dominate Your Man Completely. Online unter: https://badgirlsbible.com/femdom-ideas
- Adriana: 10 Ultra-Intense Ways to satisfy a Foot Fetish. Online unter: https://badgirlsbible.com/foot-fetish
- Adriana: How to Sit on a Guy's Face: It's Easier Than You Think. Online unter: https://badgirlsbible.com/how-to-sit-on-a-guys-face
- Anonymous Blogger: Female Domination: Top Ten Things to Do. Online unter: https://youonlywetter.co.uk/blog/2014/11/29/female-domination-top-ten-things
- Arlinnae: The power in your feet – A guide to giving a fantastic foot job. Online unter: https://www.edenfantasys.com/sexis/advice/the-power-in-your-feet-a/?pnid=67024616
- Belundra, Nicci: Facesitting: So erlebst du den besten Oralsex deines Lebens! Online unter:
  https://www.nice-video.de/facesitting-lass-deine-vagina-verwoehnen
- Budd, Carrie: Why My Ex-Boyfriend Asked Me To Sexually Humiliate Him For Having A Small Penis. Online unter:
  https://www.yourtango.com/2017303479/what-it-was-being-femdom-my-ex-boyfriend-small-penis-humiliation-sph-male-chastity
- Cara Sutra: 5 reasons you want a Mistress to sit on your face. Online unter: https://carasutra.com/2013/11/fetish-friday-5-reasons-you-want-a-mistress-to-sit-on-your-face
- Deblase, Tony: CBT – Cock and Ball Torture Part 1. Online unter: https://www.devianceanddesire.com/2015/06/cbt-cock-and-ball-torture-part-1
- Deloto, Barbara: Male Chastity and Crossdressing for the Cuckolding Hot Wife. Male Chastity and Crossdressing as Tools for the Cuckolding Hot Wife – A Guide. Delete and Newgen Publishing 2016
- Denon, Boy: What Makes Being a Cuck Hot For Me? Online unter: https://www.devianceanddesire.com/2017/07/makes-cuck-hot
- Eckhart, Tammyjo: At Her Feet. Greenery Press 2010

- Engle, Gigi: The Ultimate Guide To Pegging Your Boyfriend. Online unter: https://www.thrillist.com/sex-dating/nation/what-is-pegging-how-to-use-a-strapon-for-anal-sex-explained
- Fairbourne, Lucy: Femdom for Nice Girls. A Self-Guided Manual for the Caring Mistress. Create Space 2015
- Femdom Curator: Cuckold Theoretics. Online unter: https://www.femaleledrelationships.net/cuckoldry/cuckold-theoretics
- Femdom Curator: How to Dominate a Submissive Male (Female Domination for Fun). Online unter: https://www.femaleledrelationships.net/female-led-relationships/how-to-dominate-a-submissive-male-female-domination-for-fun
- Girl on the Net: A Guide To Cuckolding: The Fetish Where You Enjoy Watching Your Partner Have Sex With Someone Else. Online unter: https://www.esquire.com/uk/life/sex-relationships/news/a12119/cuckolding-guide-watch-partner-sex-with-someone-else
- Girl on the Net: How to dominate a man – sexy ideas from an eager amateur. Online unter: https://www.girlonthenet.com/2014/08/03/how-to-dominate-a-man
- Girl on the Net: On balls – what do you do with them when you're giving a blow job? Online unter: https://www.girlonthenet.com/2013/04/28/balls-bollocks-nads-knackers-testicle
- Girl on the Net: Why All Men Should Try Pegging (And How To Do It Properly). Online unter: https://www.esquire.com/uk/life/sex-relationships/news/a11943/a-guide-to-pegging
- Graveris, Dainis: Foot Fetish 101: How To Give The Best FootJob Ever. Ursprünglich online unter: https://medium.com/@dainis/footjob-foot-fetish-5eb25af72cf2 (inzwischen vom Netz genommen)
- Green, Georgia Ivey: How to Set Up a FLR. Create Space 2013
- Hamilton, Jill: 10 Perfect Sex Positions for Pegging Your Man. Online unter: https://www.cosmopolitan.com/sex-love/positions/news/g5329/sex-positions-for-pegging
- Hoffmann, Arne: Offene Worte: Dominas. Marterpfahl 2008
- Hoffmann, Arne: SM-Lexikon. Passion Publishing 2010
- Jameson, Sean: How to Be Dominant in the Bedroom even If You're Nervous/Unconfident. Online unter: https://badgirlsbible.com/how-to-be-dominant
- Jameson, Sean: How to Give a Wildly Pleasurable Foot Job in Just 5 Simple (But Intense) Steps. Online unter:

https://badgirlsbible.com/how-to-give-a-foot-job

- Jameson, Sean: 23 Kinky Sex Ideas: Very Freaky Ideas to Spice Up Sex. Online unter: https://badgirlsbible.com/kinky-sex-ideas
- Jamie: 5 Strap-On Sex Tips for Beginners. Online unter: https://kinklovers.com/bdsm-dating-tips/strap-on-sex-tips-for-beginners
- Johns, Sarah: What Are Golden Showers And 4 Tips For The Perfect Pees. Online unter: https://thefreshtoast.com/sex/what-are-golden-showers-and-4-tips-for-the-perfect-pees
- Kane, Miranda: What is a cuck and what is cuckolding? A beginner's guide to the fetish. Online unter: https://metro.co.uk/2017/12/13/what-is-a-cuck-and-what-is-cuckolding-a-beginners-guide-to-the-fetish-7131317
- Lady Green: The Sexually Dominant Woman. A Workbook for Nervous Beginners. Greenery Press 1998
- Lizard, Sophie: Cocktail Weenies: Small Penis Humiliation 101. Online unter: https://www.kinkly.com/cocktail-weenies-small-penis-humiliation-101/2/530
- Macmillen, Hayley: 7 Pegging Foreplay Tips Everyone Needs to Know. Online unter: https://www.cosmopolitan.com/sex-love/a3605242/pegging-foreplay-tips
- Madamez: Our Guide to Queening & the Power of Facesitting. Online unter: https://www.fetish.com/community/magazine/bdsm/guide-to-queening-and-power-of-facesitting
- Marin, Vanessa: How To Explore Cuckolding & Humiliation Fetishes. Online unter: https://www.bustle.com/articles/185252-how-to-explore-cuckolding-humiliation-fetishes
- Marin, Vanessa: What To Do If Your Partner Wants You To Pee On Them. Online unter: https://www.bustle.com/p/what-to-do-if-your-partner-wants-you-to-pee-on-them-30674
- Masters, Peter: Cock and ball torture. Online unter: https://www.peter-masters.com/wiki/index.php/Cock_and_ball_torture
- Meyer, Katharina: Trampling Sex: Ich steh auf Di…r?! Online unter: https://www.desired.de/liebe/sex/vorspiel/trampling-sex-ich-steh-auf-di-r
- Midori: ForteFemme: The Art and Philosophy of Female dominance. In: Taormino, Tristan: The Ultimate Guide to Kink. Cleis Press 2012, S. 280–296.
- Miss Bonnie and Miss Bitch: CBT: Cock and ball torture (CBT) or some times called genitorture. Online unter: http://collarncuffs.com/resources/doku.php?id=genitorture
- Mistress Amanda: What Makes a Good FLR? Online unter: http://femdoming.com/lifestyle/femdom-tips/what-makes-for-a-good-flr

- Mistressandpussyboy: Pegging Your Boyfriend Is Good and Healthy. Online unter: https://www.edenfantasys.com/sexis/sex-society/pegging-your-boyfriend-is
- Mistress Camilla: Small Penis Humiliation Ideas. Online unter: http://femdom-camshows.com/50-ways-for-small-penis-humiliation
- Mistress Eliza: The Enjoyment of Small Cock Humiliation. Online unter: http://femdo-ming.com/fiction/the-enjoyment-of-small-cock-humiliation
- Mistress Kay: Discovering your Femdomme Persona. Online unter: https://www.kinkly.com/discovering-your-femdomme-persona/2/17002
- Mistress Kay: 3 Scenes for a Beginner Femdom to Try. Online unter: https://www.kinkly.com/3-scenes-for-a-beginner-femdom-to-try/2/14690
- Mistress Kay: Pegging: Everything You Need to Know to Make It Pleasurable for You and Your Partner. Online unter: https://www.kinkly.com/pegging-everything-you-need-to-know-to-make-it-pleasurable-for-you-and-your-partner/2/14691
- Mistress Kay: 7 Fun Ways to Try Your Hand at Gentle FemDom. Online unter: https://www.kinkly.com/7-fun-ways-to-try-your-hand-at-gentle-femdom/2/17214
- Mistress Lin and slave tony: 30 Male submissive training exercises. Online unter: http://femdomfiancee.blogspot.com/2012/03/30-male-submissive-training-exercises.html?zx=2e79d16d1384c143
- Mistress Lorelei: The Mistress Manual: A Good Girl's Guide to Female Dominance. Greenery Press 2000
- Mistress Scarlet: Gratifying Domination and Submissive Contentment. A Guidance Manual. Amazon Digital Services 2017
- MissMegan: Femdom BDSM Humiliation Games To Keep A Man Deeply Submissive. Online unter: http://femdoming.com/lifestyle/femdom-tips/submissive-male-humiliation-games
- MsNN: She's in Control. A guide to finding and developing your lover's inner Domme. House of Greed 2015
- N.N.: 50 Humiliating and Emasculating Ideas for Your Submissive Man. Online unter: http://femdoming.com/lifestyle/femdom-tips/50-humiliating-and-emasculating-ide-as-submissive-man
- N.N.: Ball Busting. Online unter: https://www.kinkly.com/definition/6289/ball-busting
- N.N. Being the Bitch. Femdom Erotica. Male Submission. Online unter: http://www.akashaweb.com/powerplay/being-bitch-femdom-male-submission
- N.N.: Beginner's Guide to Watersports. Online unter: https://www.uberkinky.co.uk/essential-guides/beginners-guide-to-water-sports.html
- N.N.: Cock and Ball Play (CBT). Online unter:

https://bdsmcafe.com/resources/bdsm-activities-guides-tutorials/cock-and-ball-play-cbt

- N.N. Dominating a Man for the First Time. Online unter: http://femdoming.com/lifestyle/femdom-tips/dominating-a-man-for-the-first-time
- N.N.: Female domination, part 2. Online unter: https://www.reddit.com/r/sex/comments/13y2lo/female_domination_part_2_rougher_and_hopefully
- N.N. Fun with Forced Feminization. Online unter: https://www.fetish.com/community/magazine/bdsm/forced-feminization-sissy-guide
- N.N.: How to Control Your Submale. Online unter: http://femdoming.com/lifestyle/femdom-tips/how-to-control-your-submale
- N.N.: My how-to/tips and ideas guide for female domination of a man. Online unter: https://www.reddit.com/r/sex/comments/13xmww/my_howtotips_and_ideas_guide_for_female
- N.N.: Pegging Strap on Fun. Online unter: http://femdoming.com/lifestyle/femdom-tips/pegging-strap-on-fun
- N.N.: Step On It. How To Trample Safely. Online unter: https://www.fetish.com/community/magazine/bdsm/trample-fetish-how-to-do-it-safely
- N.N.: Tips for couples on male humiliation. Online unter: http://femdoming.com/lifestyle/femdom-tips/teasing-ideas-for-couples-male-humiliation
- N.N.: Tips for Femdom Couples: Teasing Femdom. Online unter: http://femdoming.com/lifestyle/femdom-tips/teasing-ideas-for-femdom-couples
- N.N.: What Type of Cuckold are You? Online unter: http://www.cuckyboy.com/cuckold/type-of-cuckold.htm
- No, Caroline: Femdoming Ideas for your Sissy Husband. Online unter: https://medium.com/@carolineno/femdoming-ideas-for-your-sissy-husband-f17b7d0dcb00
- Peel, Caroline: The Femdom Relationship Guide: How to build a lasting and successful female led relationship with a submissive man. Independently published 2017
- Pontani, Moritz: Warum so viele Männer jetzt auf »Pegging« abfahren. Online unter: https://www.cosmopolitan.de/sex-trend-pegging-warum-so-viele-maenner-jetzt-auf-pegging-stehen-81663.html
- Pullen, Andrew: Cuckolding Basic Rules. Online unter: https://adultsmart.com.au/blog/cuckolding-rules
- Robyn: 5 Trampling Basics – Get Ready to Walk all Over Him. Online unter: https://de.lovense.com/bdsm-blog/trampling
- Rufus, Anneli: Cuckolding: The Sex Fetish for Intellectuals. Online unter: https://www.thedailybeast.com/cuckolding-the-sex-fetish-for-intellectuals
- Ryder, Ruby: Pegging: 101. Online unter: http://pegging101.com/faq

- Saint Thomas, Sophie: A Guide to Pegging Your Partner With a Strap On. Online unter: https://www.allure.com/story/pegging-with-strap-on-fetish-guide
- Savage, Veronica: So Your Boyfriend Wants to be Dominated … Now What? An Absolute Beginner's Guide to Femdom. DivineV Press 2016
- Scott, J. M.: Practical FLR: A Woman's Guide to Gentle Dominance. Amazon Digital Services 2019
- Scott, J. M.: Practical FLR. Lessons for a Female Led Relationship. Amazon Digital Services 2018
- Scriver, Amanda: The Fat Person's Guide to Facesitting. Online unter: https://www.vice.com/en_us/article/mbypnn/how-to-face-sit-fat-person
- Silverberg, Cory: A Beginner's Guide to Safe and Fun Pegging. Online unter: https://www.liveabout.com/how-to-tips-for-pegging-2982401
- Stephen: Cuckoldress Training Essentials. Online unter: https://adultsmart.com.au/blog/cuckold-training
- Stone, Amy: Introduction to Findom 101. Online unter: https://xxxbios.com/news/introduction-to-findom-101
- Surnow, Rose: Face-Sitting. Online unter: https://www.cosmopolitan.com/sexopedia/a8271867/facesitting-definition
- Surnow, Rose: Foot Job. Online unter: https://www.cosmopolitan.com/sexopedia/a8121807/foot-job-definition
- Sutton, Elise: Female Domination. LULU 2003
- Sutton, Elise: The Femdom Experience. LULU 2006
- Taormino, Tristan: Top 10 Rules for Great Pegging: Social Media Edition. Online unter: https://goodvibesblog.com/top-10-rules-great-pegging-social-media-edition
- Tia: The Fine Art of Facesitting. Online unter: https://kinklovers.com/bdsm-dating-tips/the-fine-art-of-facesitting
- Zandrock: BDSM 101 – Forced Feminization. Online unter: https://www.edenfantasys.com/sexis/sex-and-relationships/bdsm-101-forced
- Zu den Statements von David Ley, Justin Lehmiller und Dan Savage im Kapitel über Cuckolding vgl. Kerner, Ian: Cuckolding can be positive for some couples, study says. (Eigene Übersetzung.) Online unter: https://edition.cnn.com/2018/01/25/health/cuckolding-sex-kerner.

☐ Ja, ich möchte am iPad-Gewinnspiel teilnehmen.

☐ Bitte schicken Sie mir die kostenlose Internet-Story
»Der gepeinigte Ehemann«
ausgedruckt per Post an meine folgende Adresse.

☐ Herr ☐ Frau

Name, Vorname

Straße, Hausnummer

PLZ, Ort

Land

Geburtsdatum

E-Mail (für aktuelle Informationen)

Wie haben Sie von diesem Buch erfahren?

Wo haben Sie dieses Buch gekauft?

Infos zur Datenverarbeitung unter: blue-panther-books.de/de/datenschutz.html

Arne Hoffmann - FemDom | 4. Auflage | AH10 | 518

Bitte freimachen falls Marke zur Hand

Antwort

blue panther books
Osterfeldstr. 12-14 | Haus 1 | Nord
22529 Hamburg
Deutschland / Germany